Arbeitsblätter

Vertretungsstunden Deutsch für die Sekundarstufe I

57 Arbeitsblätter
mit Lösungsangaben

von
Jutta von der Lühe-Tower

Ernst Klett Verlag
Stuttgart Düsseldorf Leipzig

Der Verlag hat sich nach bestem Wissen und Gewissen bemüht, alle Inhaber von Urheberrechten an Beiträgen zu diesem Werk ausfindig zu machen. Sollte das in irgendeinem Fall nicht korrekt geschehen sein, bitten wir um Entschuldigung und bieten an, gegebenenfalls in einer nachfolgenden Auflage einen korrigierten Quellennachweis zu bringen.

Gedruckt auf Papier, welches
aus Altpapier hergestellt wurde.

Die Deutsche Bibliothek – CIP-Einheitsaufnahme

Ein Titelsatz für diese Publikation ist
bei der Deutschen Bibliothek erhältlich.

1. Auflage 2001 A

Internetadresse: http://www.klett-verlag.de
E-mail: klett-kundenservice@klett-mail.de
Umschlaggestaltung: BSS Werbeagentur Sachse und Partner, Bietigheim
Illustrationen: Günther Bosch, Münsingen (A 9, A 13, A 41, A 46, S. 78)
Christa Janik, Leinfelden-Echterdingen (A 1, A 3, A 5, A 6, A 8, A 15, A 17, A 20, A 25, A 49, A 55)
Foto A 54: AKG, Berlin
Druck: Wilhelm Röck, Weinsberg. Printed in Germany
ISBN 3-12-927446-1

5./6. Klasse

7./8. Klasse

9./10. Klasse

Früher, als noch häufiger Bettler oder fahrendes Volk durch die Lande zogen und bei den Bauern um Nahrung, Unterkunft oder auch Arbeit baten, gaben sie Informationen mit Hilfe von Geheimzeichen weiter.

Präge dir die Zeichen gut ein.

Schau nun das zweite Blatt an und prüfe, ob du die Geheimzeichen richtig verstehen würdest.

A 1 Geheime Botschaften

Einzelarbeit

Spät am Abend kommt Lutz Lustig müde und hungrig in einem Dorf an.

1. Warum sollte er keinesfalls bei Haus Nr. 1 klopfen?

____

2. Wäre es ratsam, bei Haus Nr. 2 zu klingeln?

____

3. Wer könnte ihn bei Haus Nr. 3 empfangen?

____

4. Darf er sich beim rechten Nachbarn auf ein Bett freuen?

____

5. Wie darf er sich bei den Besitzern von Haus Nr. 5 aufführen?

____

6. Wo hat er gar nichts zu erwarten?

____

7. Warum ist die Botschaft bei Haus Nr. 6 etwas verwirrend?

____

8. Würdest du ihm raten, zu Haus Nr. 8 zu gehen?

____

9. Was sollte sich Lutz Lustig bei Haus Nr. 9 einfallen lassen?

____

10. Wie lautet die Botschaft bei Haus Nr. 10?

____

So viele lang ausgesprochene Laute in so vielen unterschiedlichen Formen! Glaubst du, dass du dich gut konzentrieren kannst? Dann versuche, die unten stehenden Fragen möglichst schnell zu beantworten.

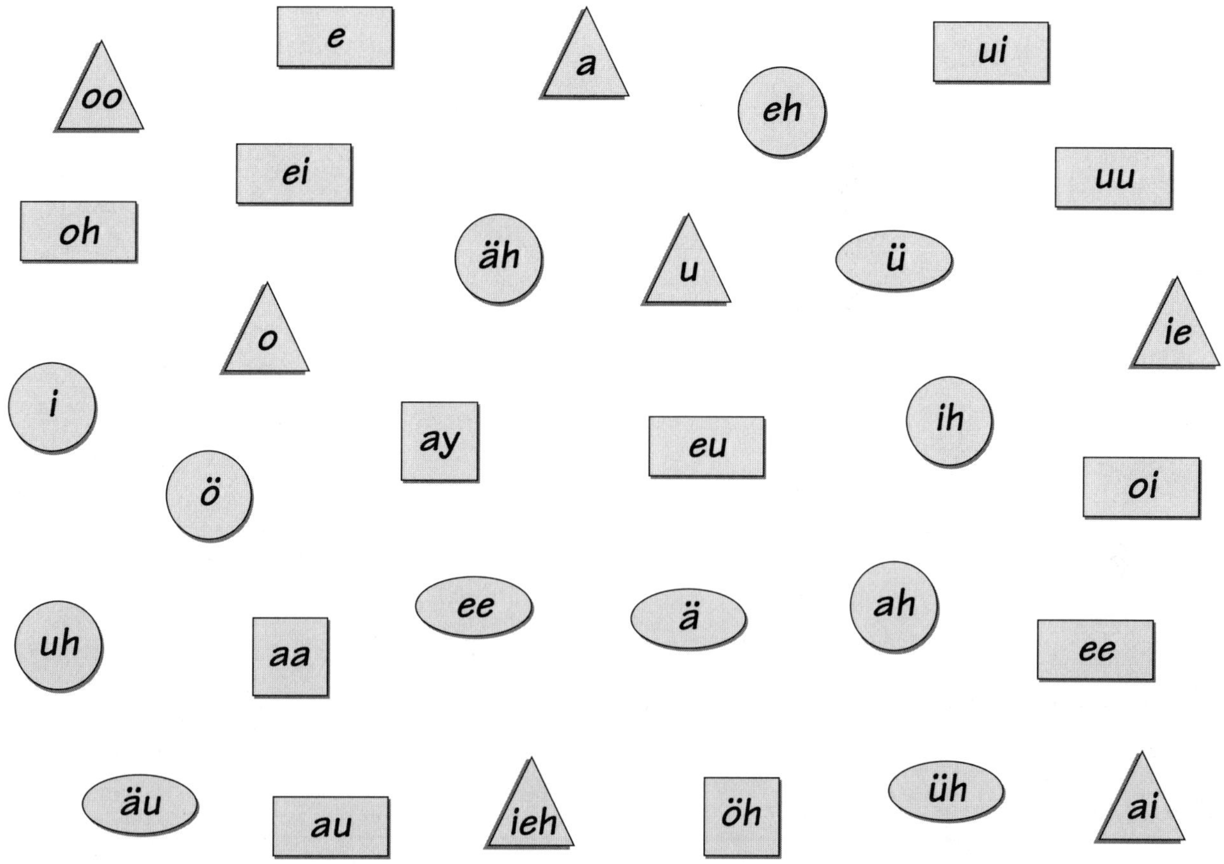

1. Wie viele Dreiecke gibt es mit einfachen Vokalen? ____
2. Wie viele Quadrate gibt es mit Doppelvokalen? ____
3. Wie viele Kreise gibt es mit Dehnungs-**h**? ____
4. Wie viele Rechtecke gibt es mit Doppelvokalen? ____
5. Wie viele Ovale gibt es mit Umlauten? ____
6. Wie viele Dreiecke gibt es mit Umlauten und Dehnungs-**h**? ____
7. Wie viele Vierecke gibt es, in denen der Buchstabe **a** vorkommt? ____
8. Wie viele runde Formen gibt es, in denen der Buchstabe **u** vorkommt? ____
9. Wie viele Formen mit mindestens einem rechten Winkel enthalten ein **o**? ____
10. Wie oft kommt der Buchstabe **i** vor? ____
11. Und wer hat zuerst passende Wörter zu diesen Lauten gefunden?
    Aufgepasst: Alle Vokale sollen lang ausgesprochen werden.

A 3 Hast du genau hingeschaut?

Familie Kurzmann will gerade ihren Freunden dieses Dia aus dem letzten Urlaub zeigen, da gibt der Projektor seinen Geist auf. Nun können sie bloß schildern, was auf dem Bild zu sehen ist. Aber haben sie sich auch richtig erinnert?

--- *hier abknicken* ---

Kreuze an, welche Aussagen richtig bzw. falsch sind.

	richtig	falsch
1. Der Strand lag an einer ruhigen Uferpromenade.		
2. Im Hintergrund hättet ihr unser modernes Hotelhochhaus erkennen können.		
3. Der Eisverkäufer verkaufte gerade einer Dame im Strandkorb ein Eis am Stiel.		
4. An diesem Tag waren leider schon alle Sonnenschirme am Strand vermietet, deshalb bekamen wir alle einen Sonnenbrand.		
5. Mutti musste Klein Berti trösten, weil Bello, der Hund, weggelaufen war.		
6. Aber Bello war gar nicht weit weg und stahl einem Mann, der in sein Buch vertieft war, das Mittagessen.		
7. Opa hatte davon nichts gemerkt; er ließ gerade seinen neuen Drachen steigen.		
8. Auch Oma Kurzmann konnte man gut erkennen, denn sie geht immer mit einem Schwimmreifen ins Wasser.		
9. Die kleine Rosi baute einmal wieder eine Sandburg und schüttete Wasser hinein.		
10. Man hätte auch Robbi sehen können, wie er gerade mit ein paar Freunden das Surfen lernte.		

Am schwarzen Brett einer Schule finden sich folgende Anschläge. Lies sie gut durch, und präge dir den Inhalt möglichst genau ein.

Mausi,
ich finde dich toll.
Dein XYZ mit dem
Ring im Ohr.

Posaunenchor
fällt bis Ende Mai aus.

Wer verkauft seine alte
Latein-Grammatik?
Ulf, 5 b.

Ich habe meinen Turnbeutel verloren.
Er ist gelb und hat eine Diddl-Maus
als Aufkleber. Inhalt: Turnschuhe.

PFADFINDER
Hast du nicht Lust mitzumachen?
Macht höllischen Spaß und du lernst
sehr viel. Bitte melden bei Elli, 6 b.

Gefunden!
Mäppchen mit Barbie-Anhänger.

Verkaufe **Hamsterkäfig**
DM 20.–
Ulla, Klasse 5 K.

Dringend!
Wer gibt mir Nachhilfe in Englisch?
Bitte melden!!! Karsten, 6 a.

Kannst du singen?
Wir gründen eine **Schul-Band**.
Bitte melden bei Herrn Schnulzner.

--------------------------------- *hier abknicken* ---------------------------------

Wenn du genau hinschaust, wirst du 10 Veränderungen erkennen. Umrahme sie schnell, denn du hast nur 3 Minuten Zeit.

Kaufe **Hamsterkäfig**
DM 20.–
Ulla, Klasse 5 K.

Gefunden!
Mäppchen mit Baby-Anhänger.

Wer verkauft seine alte
Englisch-Grammatik?
Ulf, 5 b.

Posaunenchor
fällt bis Ende März aus.

PFADFINDER
Hast du nicht Lust mitzumachen?
Macht höllischen Spaß und du lernst
sehr viel. Bitte melden bei Elfi, 6 b.

Klausi,
ich finde dich toll.
Deine XYZ mit dem
Ring im Ohr.

Ich habe meinen Turnbeutel verloren.
Er ist grün und hat eine Diddl-Maus
als Aufkleber. Inhalt: Turnschuhe.

Dringend!
Wer gibt mir Nachhilfe in Französisch?
Bitte melden!!! Karsten, 6 a.

Kannst du singen?
Wir gründen eine **Schul-Band**.
Bitte melden bei Frau Schnulzner.

A 5 So ein Chaos!

Einzelarbeit

Kalle Klempner, der Einbrecherkönig, ist endlich ausfindig gemacht worden. In seinem Haus findet man ein riesiges Lager von Diebesgut, aber alles ist wild durcheinander gewürfelt. Kommissar Schlaumax muss alle Fundstücke sinnvoll sortieren. Hilf ihm, indem du zusammengehörende Begriffe markierst.

3 Barbie-Puppen

1 Diamantring

2 Paar Kinder-Ski

Radio

10 Stoßstangen

2 Platin-Armbänder

1 Abendkleid

1 Korallenkette

10 Paar Sandalen

Teppichreiniger

Wanduhr

5 Flaschen Cognac

100 Armbanduhren

5 einzelne Mokassins unterschiedlicher Größen

10 volle Bierkästen

1 Auspuff

Hockeyschläger

1 Magnum-Flasche Sekt

Eierkocher

1 Walkman

7 Teddybären

Joghurtmaschine

5 Packungen Persil

1 Paar Herrenstiefel

Wecker

Mountainbike

10 Kartons Nussecken

3 Autoreifen

Modelleisenbahn

Lederjacke

Pelzmantel

Kassettenrekorder

1 Karton Gummibärchen

5 kg Pralinen

Rührstab

Im Polizeibericht muss Kommissar Schlaumax sich aber kurz fassen und nur die Sammelbezeichnungen aufführen. Wie sollte seine Liste fortgesetzt werden?

1. Schmuck ______
2. ______
3. ______
4. ______
5. ______
6. ______
7. ______
8. ______
9. ______
10. ______
11. ______
12. ______

Ohne zusammengesetzte Adjektive wie „brühwarm“ und „blitzschnell“ wäre unsere Sprache doch recht trocken und langweilig. Die Zeichnungen unten geben dir Hinweise für weitere anschauliche Formulierungen.

Wer hat zuerst die 20 Suchwörter gefunden?

1. ____________________ *leicht*
2. ____________________ *fleißig*
3. ____________________ *müde*
4. ____________________ *gerade*
5. ____________________ *hoch*
6. ____________________ *klar*
7. ____________________ *dunkel*
8. ____________________ *grün*
9. ____________________ *wohl*
10. ____________________ *schnell*
11. ____________________ *fest*
12. ____________________ *stark*
13. ____________________ *frei*
14. ____________________ *dick*
15. ____________________ *schwer*
16. ____________________ *traurig*
17. ____________________ *hart*
18. ____________________ *kalt*
19. ____________________ *scharf*
20. ____________________ *schwarz*

A 7 Wörter versenken

Sicher kennst du das Spiel „Schiffchen versenken“, bei dem du den Standort der „Schiffchen“, also der umrahmten Kästchen, erraten musst, die sich auf dem Spielfeld deines Gegenspielers befinden. Beim „Wörter versenken“ geht es darum, *Wörter* ausfindig zu machen, die dein Spielpartner auf seinem Spielfeld „versteckt“ hat. Achtet darauf, dass ihr keine Eigennamen verwendet.

Dabei gehst du folgendermaßen vor: In deinem Spielfeld A trägst du je zwei Wörter mit 3, 4, 5 und 6 Buchstaben senkrecht oder waagrecht ein. Die Buchstaben dürfen sich nicht berühren, es muss immer ein leeres Feld dazwischen sein. Dein Spielpartner macht dasselbe auf seinem Spielfeld A, das du nicht siehst.

Das Spielfeld B ist zu Spielbeginn bei euch beiden leer.
Nun beginnt ihr abwechselnd, das Spielfeld des Partners „abzusuchen“ und das Ergebnis in euer Spielfeld B einzutragen. Du kannst erkennen, dass die Angaben D 3 und H 5 bei dem unten dargestellten Beispiel ins „Leere“ gingen, hier hat der Partner kein Wort. Bei B 1 ist jedoch ein „Treffer“ erzielt worden und der Spielpartner muss darüber Auskunft geben, dass es sich um ein E handelt und dass das Wort 4 Buchstaben hat. Bei den nächsten Spielzügen hat man nun verschiedene Möglichkeiten, die weiteren Buchstaben des Wortes ausfindig zu machen. Wer das Wort schon vorher richtig errät, darf es eintragen und gleich weitermachen.

A Beispiel für das eigene Spielfeld

	A	B	C	D	E	F	G	H	I	K	L	M
1	t	r	a	g	e	n						
2								K	a	t	z	e
3	K					t						
4	u					o						
5	r					t						
6												
7		R					s		K	ä	s	e
8		e					a					
9		g					u					
10		e					b					
11		n					e					
12							r		L	i	e	d

B Beispiel, wie du das Spielfeld des Partners absuchst

	A	B	C	D	E	F	G	H	I	K	L	M
1		E							G			
2		n							u			
3		d		X					t			
4		e		T	a	n	z			E	i	n
5								X				
6	P	a	p	i	e	r		B	l	a	t	t
7												
8			S									
9			e									
10			i			T	e	l	l	e	r	
11			d									
12			e									

Jetzt ratet ihr abwechselnd so lange weiter, bis der Erste von euch alle 8 Wörter ausfindig gemacht hat.

Wenn ihr das Spiel etwas schwieriger gestalten wollt, habt ihr zwei Möglichkeiten:

a) Ihr tragt eure Wörter auch diagonal oder im rechten Winkel ein:

```
R               R e
  e               g
    g             e
      e           n
        n
```

b) Ihr wählt Wörter mit 4, 5, 6, und 7 Buchstaben aus. Dazu müsst ihr das Spielfeld vergrößern.

Darauf solltet ihr euch aber frühestens nach dem ersten Spiel einigen.

Und nun kann es losgehen.

A

	A	B	C	D	E	F	G	H	I	K	L	M
1												
2												
3												
4												
5												
6												
7												
8												
9												
10												
11												
12												

B

	A	B	C	D	E	F	G	H	I	K	L	M
1												
2												
3												
4												
5												
6												
7												
8												
9												
10												
11												
12												

A

	A	B	C	D	E	F	G	H	I	K	L	M
1												
2												
3												
4												
5												
6												
7												
8												
9												
10												
11												
12												

B

	A	B	C	D	E	F	G	H	I	K	L	M
1												
2												
3												
4												
5												
6												
7												
8												
9												
10												
11												
12												

A

	A	B	C	D	E	F	G	H	I	K	L	M
1												
2												
3												
4												
5												
6												
7												
8												
9												
10												
11												
12												

B

	A	B	C	D	E	F	G	H	I	K	L	M
1												
2												
3												
4												
5												
6												
7												
8												
9												
10												
11												
12												

Schneide die bedruckten Dreiecke auf der nächsten Seite aus und klebe sie so in die leere Vorlage, dass sich immer ein gegensätzliches Wortpaar (z. B. loben – tadeln) gegenüber steht.

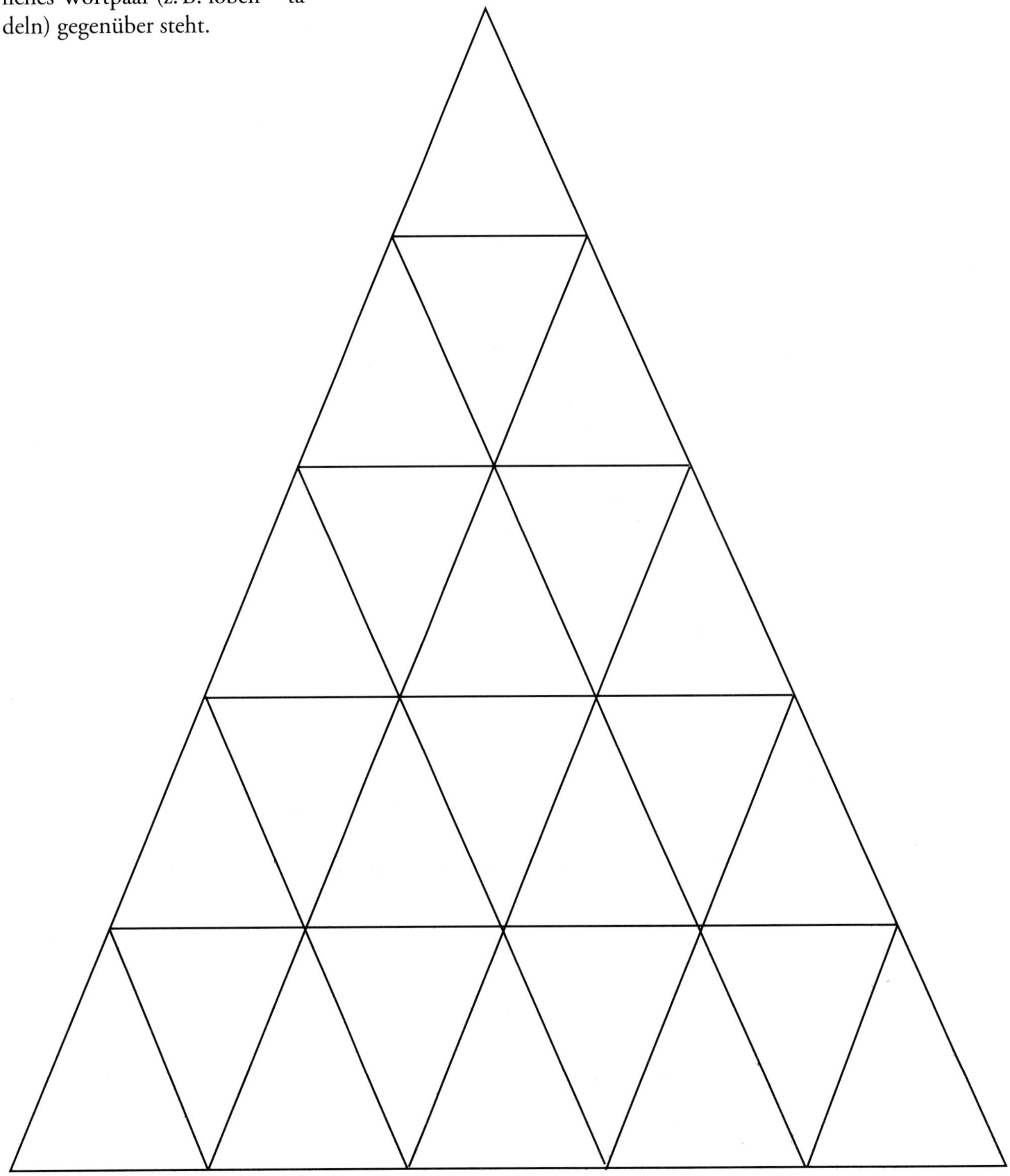

auftauchen
herabsinken
verschmutzen
duften

klagen
befürworten
vergessen
befestigen
senken
abschwächen
abkühlen
eilen
zusammenfügen
verteilen
erweitern
beschleunigen

beginnen
säubern

verabschieden
befürworten
ablehnen

vergrößern
sammeln
anheben
vernachlässigen
lösen
fortfahren
beruhigen
verkleinern
übersehen
betonen

anknipsen
tun

leeren
tadeln
ausschalten

verringern
abbrechen
trennen
verlangsamen
aufregen
ablehnen
betreten
verlassen
erwärmen
aufhellen

füllen
begrüßen

beenden
lassen

versperren
jubeln
erinnern
pflegen
beachten
bummeln
öffnen
abdunkeln

stinken
loben

Oliver will seinem Freund ein Erlebnis von seinem letzten Flohmarktbesuch erzählen. Damit dieser Brief nicht zu langweilig wird, hat er ihn etwas verrätselt.

Lieber Karl-h 1

Ge✡ ging ich also wieder auf DMt umher. Ein • rat plötzlich auf mich zu, blies seine grün gefärbten Haare aus dem Gesicht und sagte: „Kann ich dir h11en? Bei mir bekommt man alles, was das ♡ begehrt." Ich hatte erhebliche 2fel, ob er mir meinen geheimsten Wunsch erfüllen könnte. Dennoch sagte ich: „Seit Jahren suche ich ein Kla 4 zu einem günstigen Pr , aber noch nie konnte ich mir 1 lsten."
„, mit!", antwortete der Grünhaarige. Eigentlich fand ich den Kerl ziemlich 3st, und das nicht nur, weil er auf meinem großen 10 ämlich die ganze Zeit über stand, sondern nun auch meinen Ellenbogen nahm und mich in ein dunkles ∟ führte. Da stand noch so ein $Typ, diesmal mit blauen Haaren, und die beiden sprachen in einer mir unbekannten Mundart, es war wohl 6isch, aufeinander ein, ohne mich zu be 8en.
„7ehmen sich aber komisch!", wollte ich schon anmerken und wieder meiner Wege gehen, als mich plötzlich ein ganzer Schw von Typen mit lila-, pink- und  kisgefärbten Haaren umten. „Sauer", dachte ich, „jetzt sitze ich in der Falle!" Der kl 1te von ihnen schob mich in einen Kleinler und f mit mir in ein entferntes 4 tel. Dort führte er mich in eine Lagerhalle, wo ein herrliches Kla 4 1am herumstand. „Vielleicht hast du schon einmal von uns gehört, wir sind die berühmten Schwar 12e, beste Band in der Gegend, aber nun müssen wir ver-" jetzt musste er kurz niesen, denn er hatte einen schrecklichen Schnupfen „5tig werden, arbeiten und unsere Instrumente verkaufen."
Auf diese Weise kam ich zu einem echt £igen Kla 4, und ich denke das ei9d das andere Mal schon darüber nach, ob ich nicht noch einmal zum Flohmarkt gehen sollte, denn seit langem fehlt mir schon eine J 8.

Herzliche Grüße von deinem r

Hast du herausgefunden, was Oliver seinem Freund erzählt?
Dann lies die Geschichte zügig und ohne zu stocken deinen Mitschülern vor.

Hast du dir schon einmal überlegt, dass unser Alphabet nur eines von vielen möglichen sprachlichen Zeichen ist? Da lässt sich doch gut noch ein weiteres Alphabet erfinden. Das kann durchaus Vorteile haben, denn wer weiß, wozu man eine eigene Geheimsprache gebrauchen kann.

Denke dir also zunächst dein eigenes Alphabet aus.

A	B	C	D	E	F	G	H	I	J	K	L	M	N	O	P	Q	R	S	T	U	V	W	X	Y	Z

----- *hier abknicken* -----

Wie sehen die folgenden Wörter nun in deiner Sprache aus?

B	U	C	H

H	A	N	D

V	O	G	E	L

W	I	P	P	E

K	A	T	Z	E

R	O	S	E

Schreibe nun eine Botschaft oder einen kleinen Brief an deinen Banknachbarn. Vergiss nicht zu unterschreiben, in deiner Sprache natürlich.

Hast du gemerkt, dass in dieser Frage ein Laut vorkommt, der dreimal unterschiedlich geschrieben wird? Das kommt häufiger in der deutschen Sprache vor und führt nicht selten zu Rechtschreibfehlern. Bei dem folgenden Bingo-Spiel wirst du gelegentlich ins Zweifeln geraten.

	1	2	3	4	5	6
A	tz	ck	pf	t	gg	ks
B	ch	s	z	dt	ph	c
C	v	d	ts	k	f	ps
D	sch	w	th	dd	b	kk
E	p	x	qu	st	ß	b

Spielanweisung:

1. Ein Schüler steht neben dem Overhead-Projektor und wählt der Reihe nach Lautgruppen aus, die er beispielsweise mit „3 D, das ist th" angibt und dieses Kästchen anschließend mit einem wasserlöslichen Folienstift durchstreicht.
2. Jedes Schülerteam überprüft nun, ob bei den 9 Lückenwörtern eines dabei ist, das mit Hilfe der genannten Lautgruppe vervollständigt werden kann.
3. Es werden so lange Lautgruppen aus der Tabelle ausgewählt, bis das erste Team alle Wörter eines Neunerkästchens vervollständigen konnte. Dann ruft es „Bingo!" Sieger ist jedoch nur das Team, das die Wörter auch richtig geschrieben hat.
4. Ist das der Fall, kann man entweder den 2. und 3. Bingo-Sieger ermitteln, indem man noch ein paar Runden weiterspielt, oder die Neuner-Kästchen neu verteilen und von vorne anfangen.

1

fei__en	Klini__	we__seln
Be__ätigung	Lau__	du pum__t
__or	Se__te	__lown

2

Ro__en	kra__eln	Le__kuchen
__ance	Gesan__er	Matra__e
eilen__s	To__enkopf	Al__abet

3

en__schuldigen	lin__	__arnier
tau__	Su__jekt	A__ord
__eke	e__tra	__arme

4

Na__en	en__los	Republi__
Ske__sis	__etschen	Pa__el
Essi__	fli__en	scheinto__

5

Ta__e	neuerdin__s	fla__ern
elen__lich	__oge	Takti__
Sum__	Ma__e	lech__en

6

Klu__	Fla__e	Schul__
Obje__t	Sar__	du wei__t
Scha__t	Ma__ematik	Bu__

7

Wer__tag	Klem__ner	A__resse
__licht	Lo__e	Tal__
Em__ang	__ampir	neugieri__

8

o__dachlos	Nei__	schim__en
__rase	__luch	E__e
A__usativ	gewan__	Ad__ent

9

Kla__	Ze__e	A__t
__urry	__atschen	Fra__e
A__sel	So__e	du kle__st

10

tö__lich	Mo__a	verwan__
Stro__e	Ja__t	Hei__ung
Ba__er	Kle__s	La__o

11

Zwer__	sa__t	Lu__us
Chara__ter	He__e	__irus
schmu__eln	unterwe__s	__orte

12

Wer__	Zwer__fell	zei__lich
Eta__e	Lu__s	__ote
__ahl	du schrau__st	__anille

13

Konfirman__	Schmu__	__atulle
bra__	Schut__	ste__
Bara__e	__anne	Apo__eke

14

Assisten__	unen__geltlich	Blama__e
Schür__e	Se__t	Ba__illen
du hu__t	Pro__iant	nebli__

15

Er__se	en__behrlich	Komple__
Sa__o	__ad	Rä__el
Ke__	Anora__	Ru__

16

en__gültig	__ema	Fu__s
Wra__	O__timist	schla__sig
__lever	__and	As__alt

In einem entlegenen Bergdorf hat sich eine merkwürdige Variante der deutschen Sprache erhalten. Der folgende Tagebucheintrag beginnt in unserer Sprache mit den Worten

„*Als ich heute aufwachte …*“

und so geht es weiter:

schwurzte ich mödrig aus meinem Störbs. Die Trälla am Flimmer schonn bereits schrüll und menniglich in mein Zümmi. Hatte ich verblubbert? Quickrig lönzte ich auf den Ticker neben dem Störbs. Zillich Ühr! Da klibberte mir ein, dass ich heute nicht in die Klabse triggern musste, denn es war Feierflups. Glickerlich uppelte ich das Guckloch und lönzte hinaus. Die Teerte vor unserem Wams war lücht, kein Schnarzer brammelte vorbei, nur die Flederlein in den Bollern tuckerten schniefrig vor sich hin. Auch meine Papmams schluffften noch, das Wams war staad und rüch und ich beschlorz, den Kaffer zu keuken. Das würde ein tommerlicher Flups werden!

Versuche den Text zu verstehen. Trage dann in die Tabelle ein, zu welchen Wortarten die unbekannten Wörter gehören und was sie bedeuten können.

schwurzen =		

Welche Wortarten sind gleich geblieben? Markiere sie in unterschiedlichen Farben. Wie könnte der Text weitergehen?

A 13 Das Mandala der Zeiten

Sicherlich hast du schon einmal ein Mandala ausgemalt und die Farben so ausgewählt, dass ein schönes Ornament entstand. Bei diesem Mandala kommt es darauf an, dass du die Grundform eines Verbs sowie seine Zeitstufen (Tempora) Präsens, Imperfekt/Präteritum, Perfekt, Plusquamperfekt, Futur I und Futur II gut unterscheiden kannst.

Male jedes Feld mit der gleichen Zeitstufe in der gleichen Farbe aus. Wenn du keine sieben unterschiedlichen Farben hast, kannst du auch manche Felder mit Punkten oder Schraffierungen kennzeichnen.

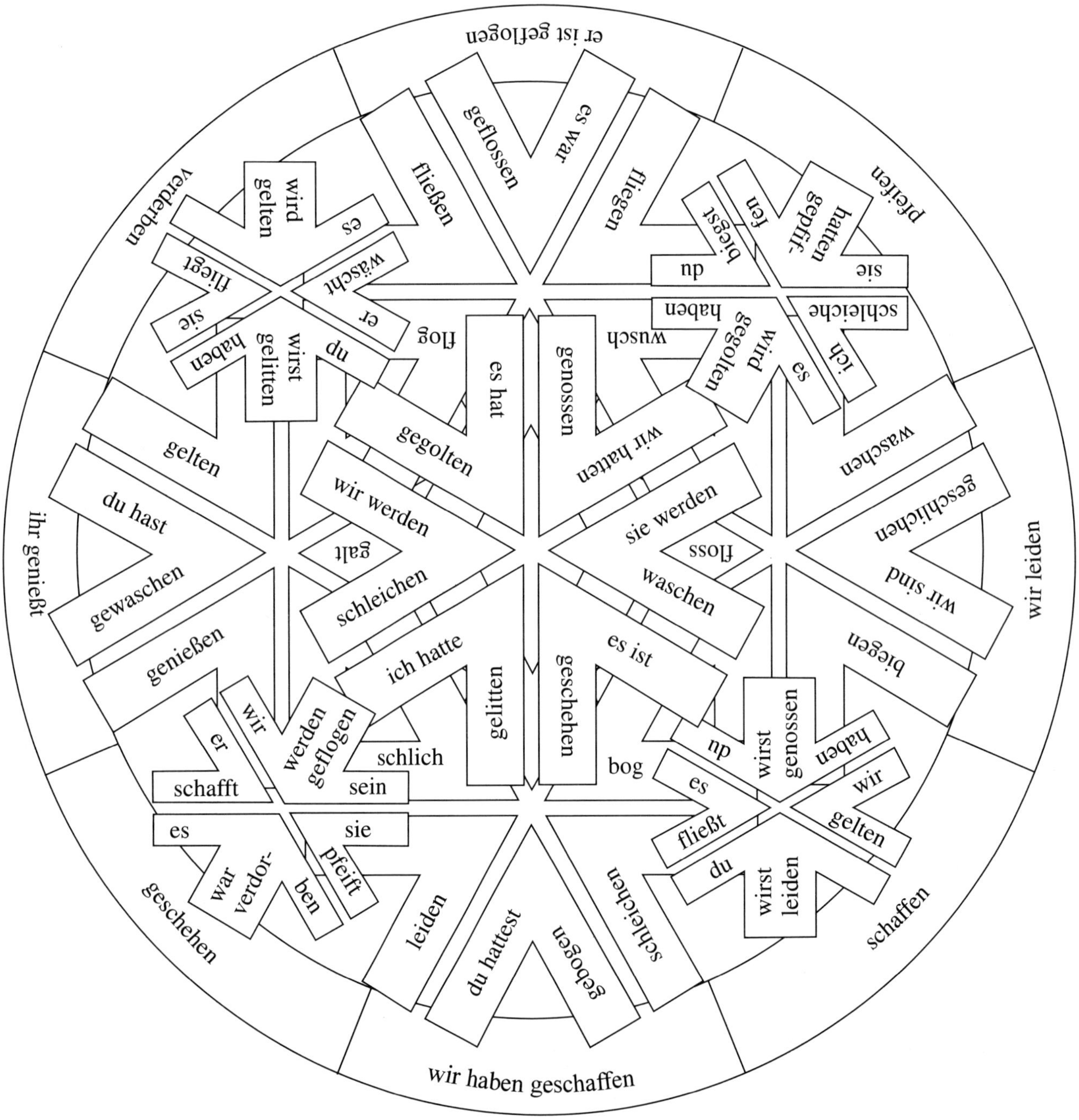

Als Gabi an ihrem Geburtstag die Post öffnet, findet sie ein merkwürdiges Schreiben. Ihre Mutter erklärt ihr, dass in diesem Brief ein Geburtstagsgeschenk versteckt ist.

Hilf Gabi beim Entziffern und schreibe den vollständigen Text mit der richtigen Groß- und Kleinschreibung auf.

lb gb,

z dnm gbrtstg wnsch ch dr vn gnzm hrzn lls gt. grt b dsm brf ncht ns wndrn, wl d hn nr mt mh lsn knnst, dnn rst wnn d ds zln ntzffrt hst, knnst d mn gschnk rhltn. mr st nmlch dss ml tws bsndrs ngflln nd ch hff, d hst spß drn. ls: nmm dr fr dn kmmndn snntg nchts vr. ch hl dch nchmttgs vn z hs b nd ld dch rst nml f n lckrs s n. wnn wr ns dn bch s rchtg vll gschlgn hbn, wrd ch dch zm fstpltz ntfhrn. d wßt, dss drt zr zt dr chnsch zrks gstrt, nd wr wrdn ns n vrstllng nschn. nschlßnd ld ch dch zm ssn n nd d knnst dr sschn, b d nn chtn hmbrgr dr n tlnsch pzz mchtst. m bnd fhr ch dch wdr hm.

ch fr mch f nsrn gmnsmn nchmttg nd hff, dss wr vl spß zsmmn hbn wrdn.

dn tnt lsbth

In einem Biologiebuch kommen manchmal schon merkwürdige Begriffe und Kreaturen vor, aber glaubst du, dass es diese Tiere und Pflanzen wirklich gibt?

Barsch-Aften

Kurs-Aal

Bäcker-Ei

Eid-Otter

Schlam-Assel

Pan-Schweine

Kla-Motte

Blumento-Pferde

Promin-Enten

Lus-Tiger

Mattsch-Eibe

Niko-Laus

Hau-Stier

Urin-Stinkt

Tor-Nister

Schmut-Zecke

Tal-Ente

Senft-Unke

Arth-Rose

Fahrr-Adler

Karteng-Eber

Vers-Tauben

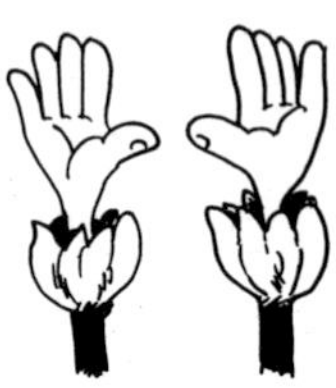

Schaf-Ott

Wasserl-Eiche

Winsel-Ei

Arms-Tulpen

Prachts-Aal

Wal-Deule

Schreibe die Wörter in der richtigen Schreibweise mit allen korrekten Möglichkeiten der Silbentrennung auf.

___

___

___

___

___

Dass in einer Fabel Tiere die Hauptrolle spielen, ist dir sicherlich bekannt. In den folgenden drei Fabeln werden die unterschiedlichen Tiere jeweils durch ein Symbol gekennzeichnet. Kannst du dir vorstellen, um welche Tiere es sich handelt? Trage deine Vorschläge in die unten stehende Tabelle ein.

Fabel 1

▲ *wäre gerne über ein Wasser gewesen und konnte nicht. Sie bat* ❤ *um treuen Rat.* ❤ *war hämisch und* ▲ *feind und sprach: „Binde deinen Fuß an meinen, so will ich schwimmen und dich hinüberziehen." Da sie aber aufs Wasser kamen, tauchte* ❤ *hinunter und wollte* ▲ *ertränken. Indem aber* ▲ *sich wehret und arbeitet, flog* ➤ *daher und erhaschte* ▲, *zog* ❤ *auch mit hinaus und frisset sie alle beide.* (nach M. Luther)

Fabel 2

Es lief ♣ *durch einen Wasserstrom und hatte ein Stück Fleisch im Maule. Da er aber das Spiegelbild vom Fleisch im Wasser sah, bildete er sich ein, es wäre auch Fleisch und schnappte gierig danach. Als er aber das Maul auftut, entfiel ihm das Stück Fleisch, und das Wasser führte es weg. Also verlor er beides, das Fleisch und das Spiegelbild.* (nach M. Luther)

Fabel 3

◆, ❍ *und* ● *jagten miteinander und fingen* ♠. *Da befahl* ◆ ● *die Beute zu teilen.* ● *machte drei Teile, darüber war* ◆ *zornig und riss* ● *die Haut über dem Kopf weg, so dass er blutüberströmt dastand. Und er befahl* ❍ *die Beute zu teilen.* ❍ *legte die drei Teile wieder zusammen und gab sie* ◆ *ganz und gar. Da lachte* ◆ *und sprach: „Wer hat dir beigebracht, so zu teilen?"* ❍ *zeigte auf* ◆ *und sprach: „Der Doktor da mit dem roten Hut."*
(nach M. Luther)

♣	◆	♠	❤	❍	▲	●	➤

-- *hier abknicken* --

➤ *Hier findest du die Fabeltiere, die zu den Texten gehören. Allerdings musst du die Buchstaben erst richtig zusammenstellen und sie dann zuordnen.*

ABEGLORUV, CFHUS, CFHORS, CHHIRS, DHNU, AMSU, EELS, ELÖW

♣	◆	♠	❤	❍	▲	●	➤

➤ *Aber noch ist deine Arbeit nicht zu Ende, denn auch zu den oben abgedruckten Fabeln gibt es eine Lehre, die dem Leser das Verständnis erleichtern soll. Aber welche Lehre passt jeweils zu den drei Fabeln?*

a) *Man soll sich begnügen mit dem, was Gott gibt. Wer das Wenige verschmäht, dem wird das Größere nicht zuteil. Wer zu viel haben will, der behält zuletzt nichts. Mancher verliert das Gewissen über dem Ungewissen.*

b) *Diese Fabel gibt einem zwei Lehren: Die erste: Der Überlegene will einen Vorteil haben und man soll ihm diesen nicht streitig machen. Die zweite: Wer aus dem Unglück eines anderen eine Lehre ziehen kann, ist weise.*

c) *Sieh dich vor, auf wen du dich einlässt. Die Welt ist falsch und auch untreu. Doch schlägt Untreue allzeit ihren eigenen Herrn.*

Ihre Geburtstagsfeier will Martina mit ihren Freundinnen als „Blind date" begehen, das heißt, die Gäste wissen nicht, wozu sie eingeladen werden. Auf der Einladungskarte finden sie daher einen merkwürdigen Text.

Wir treffen uns um 14.45 vor dem Portal einer unserer vielen Kirchen. Dann marschieren wir über die Brücke, die sich uns gegenüber befindet. Am anderen Ende wenden wir uns nach links und folgen der Einbahnstraße bis zur nächsten Kreuzung. Hier wenden wir uns wieder nach rechts, bis wir an einen Platz gelangen. Wir überqueren den Platz und gehen an einem Gebäude vorbei, in dem es viel Wissenswertes zu erfahren gibt. An der Ecke wenden wir uns nach links. Aber wenn du glaubst, dass du jetzt ein Essen mit sehr viel Ketchup zu dir nehmen müsstest, hast du dich geirrt. An der Kreuzung, wo sich dieses Restaurant befindet, biegen wir nämlich in die Straße ein, die Richtung Fluss abzweigt. Und nach wenigen Metern gelangen wir zu einem Platz, wo wir uns die größten und leckersten Portionen schmecken lassen werden, die wir uns sonst nicht leisten können.

Wo landen die Geburtstagsgäste, und was werden sie sich so schmecken lassen? Nimm einen Bleistift zu Hilfe, um den beschriebenen Ort zu finden. Wenn dir das gelungen ist, radierst du den „Bleistiftweg" wieder aus.

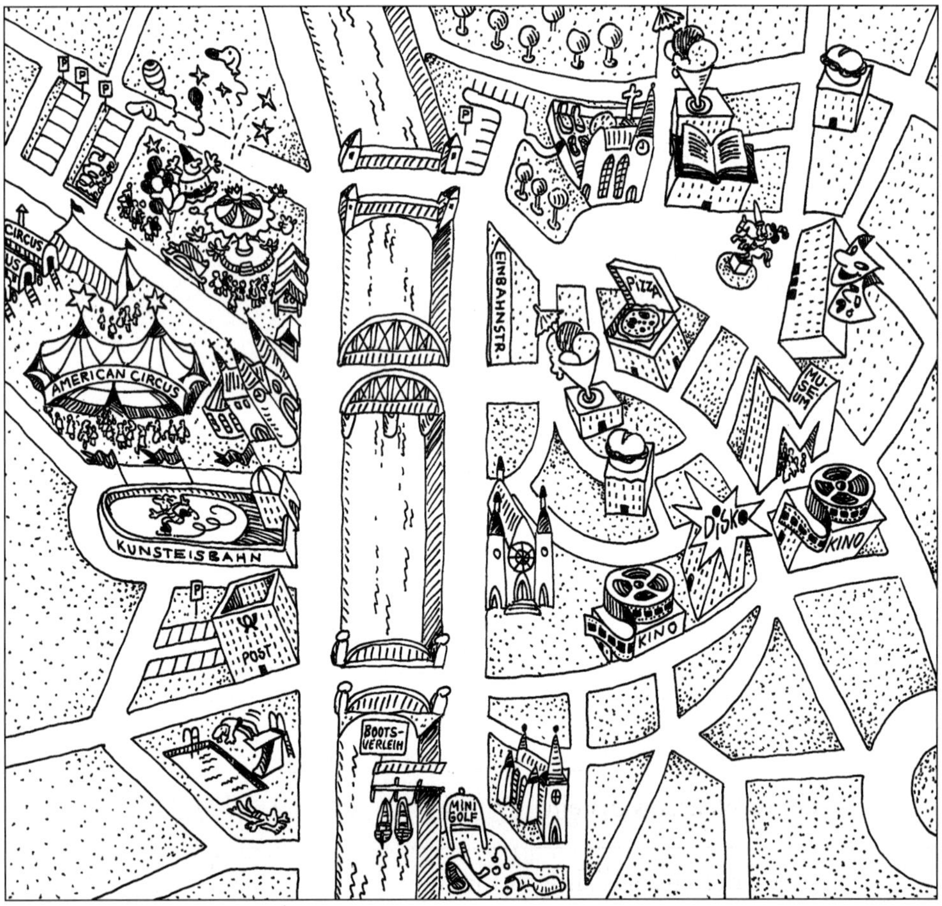

Museum
Jugenddisko
Kino
Hamburger-Restaurant
Minigolf-Platz
Kino
Pizza-Restaurant
Eisdiele
Eislaufbahn
Boots-Verleih
Bücherei
Theater

Nun bist du dran: Lade deinen Banknachbarn oder deine Banknachbarin zu einem Stadtbummel ein, an dessen Ende eine Einladung steht. Du darfst eigene Vorschläge in den Stadtplan hineinzeichnen und auch den Weg, den du dir auf einem gesonderten Blatt notierst, ruhig ein wenig verrätseln, denn nach dem erfolgreichen Raten ist der Genuss anschließend um so größer.

In Fantasieerzählungen ist deiner Vorstellungskraft normalerweise keine Grenze gesetzt. Bei der folgenden Aufgabe allerdings musst du eine Person, einen Ort und einen Gegenstand miteinbeziehen, die der Zufall dir „schenken“ wird.

Suche dir einen Teampartner und lasse ihn oder sie dreimal stumm die Zahlen von 1–10 durchzählen; bei „Stopp“ notierst du dir neben A, B und C die Zahl, bei der er oder sie gerade angelangt ist, also z.B. A 4, B 7 und C 9. Da auch du für deinen Teampartner stumm zählen musst, hat jeder Teampartner neben A, B und C jeweils eine Zahl stehen.

A wer?	**B wo?**	**C was?**

Nun schaust du in der unten stehenden Tabelle nach, wer in deiner Erzählung eine wichtige Rolle spielt, wo sich das Geschehen abspielt und welcher Gegenstand darin vorkommt.

Und jetzt geht es los:

1. Jeder von euch verknüpft die Stichwörter zu einer lustigen oder spannenden, erstaunlichen oder märchenhaften Erzählung. Achtet darauf, dass euer Text einen Höhepunkt und einen sinnvollen Schluss hat.

Oder

2. Ihr formuliert eine Meldung über ein merkwürdiges Ereignis, wie man es unter „Vermischtes“ in den Tageszeitungen findet. Hier achtet ihr auf die W-Fragen, die in einem Kurzbericht beantwortet werden müssen.

Am Ende vergleicht ihr eure Texte und entscheidet, welcher am besten gelungen ist.

	A (wer)	**B (wo)**	**C (was)**
1	Roboter	Südseestrand	Zauberspiegel
2	Meerjungfrau	Fußgängerzone	Kassettenrekorder
3	Schulschwänzer	Autostau am Brenner-Pass	Brief mit Geheimschrift
4	die reichste Frau der Welt	verwilderter Garten	geheimnisvolles Buch
5	du	Friedhof	Computerspiel
6	die Tante aus Amerika	Grand Canyon	verlassenes Raumschiff
7	hungriger Obdachloser	Schloss Neuschwanstein	Schwarzwälder Kirschtorte
8	Superman	unter einer tausendjährigen Linde	verschlossene Aktentasche
9	einsame Prinzessin	Pizza-Restaurant	Flaschenpost
10	berühmter Pop-Sänger	Spitze des Eiffelturms	Zaubertrank

Eine überaus traurige Geschichte, die aber gut ausgeht. So zumindest ist sie in einem bekannten Märchenbuch überliefert, – aber das muss nicht bedeuten, dass dir nicht eine eigene Geschichte einfällt. Allerdings sind dazu einige Lücken zu füllen, denn wichtige Nomen (Substantive) und Verben fehlen in diesem „Text". Die überflüssigen Artikel und Pronomen kannst du durchstreichen.

Der/die/das alte ______________________ und ______________________

Es war einmal ein/eine steinalte(r,s) ______________________, dem/der waren die ______________________ schlecht geworden und die ______________________ zitterten.

Wenn er/sie/es nun ______________________ und den ______________________ kaum ______________________ konnte, ______________________ er/sie/es ______________________ auf ______________________.

Sein(e)/ihr(e) ______________________, und deswegen musste sich der/die/das alte ______________________ hinter ______________________ in ______________________ setzen. Man gab ihm/ihr ______________________ in ______________________.

Da sah er/sie/es betrübt ______________________ und er/sie/es fühlte sich elend.

Einmal auch konnten sein(e)/ihr(e) ______________________ den/die/das ______________________ nicht mehr ______________________ und er/sie/es ______________________. Der/die/das______________________ schalt, der/die/das alte ______________________ sagte aber nichts und seufzte nur.

Da kaufte man ihm/ihr ______________________ für ein paar ______________________, und daraus/damit musste er/sie/es nun ______________________ . Eines Tages trägt der/die/das kleine ______________________ auf dem Boden ______________________ zusammen.

„Was machst du da?", fragte ______________________. „Ich mache ______________________", antwortete ______________________ . „Daraus/damit sollen ______________________ ______________________ , wenn sie alt sind."

Da sahen sich ______________________ an, fingen endlich an zu ______________________ , holten sofort den/die/das alte(n) ______________________ und ließen von nun an ______________________ ______________________.

Und niemand schimpfte und schalt mehr, wenn ______________________.

Martin ist umgezogen und hat heute zum ersten Mal seine neue Schule besucht. Leider hat er den Stundenplan verloren und muss ihn am Nachmittag mit Hilfe der folgenden Angaben zusammenstellen. Hilf ihm dabei.

1. Wenn Herr Mehlmann keine Trillerpfeife zur Hand hat, geht er gerne mit dem Zirkel um.
2. Frau Kampe ist oft mit Farbflecken bedeckt.
3. Es gibt vier Mathestunden in der Woche.
4. Frau Stellwag ist nicht verheiratet.
5. Herr Holzkamp gibt auch Biologie.
6. Französisch wird in zwei Doppelstunden unterrichtet.
7. Die Lehrkraft, die jedes Komma erklären kann, beginnt manche Stunden mit „Bonjour!“
8. Der Ehemann der Kunstlehrerin gibt nur den Photokurs.
9. Sport findet nur in einer Doppelstunde statt.
10. Die Ehefrau des Sportlehrers unterrichtet auch eine Fremdsprache.
11. Frau Kleinlein gibt zwei einstündige Fächer.

Dies ist Martins Stundenplan. Kannst du ihm dabei helfen, sich an die Namen der Lehrer und das Fach zu erinnern?

Montag	**Dienstag**	**Mittwoch**	**Donnerstag**	**Freitag**
Mathe ________	________ Herr Mehlmann	Französisch ________	________ Herr Mehlmann	Biologie ________
Deutsch ________	________ Frau Stellwag	________ Frau Stellwag	________ Herr Mehlmann	Englisch ________
________ Frau Stellwag	Englisch ________	Kunst ________	Deutsch ________	Physik ________
Sozialkunde ________	Photokurs ________	________ Frau Kampe	Englisch ________	Französisch ________
Physik ________	Photokurs ________	________ ________	Englisch ________	________ Frau Stellwag
Erdkunde ________		________ ________	________ Frau Stellwag	

A 21 Was Hänschen nicht lernt… Einzelarbeit

Wie viele Sprichwörter sind hier im wahrsten Sinne des Wortes „zerlegt“ worden?

ist

wert gräbt schwei mehr pfen

oh preis kö

nim

sil ne ist fleiß den

vie le ver ber des

kei

nig de che ren gru brei

lernt nen lers wer den

hinein

den mer re hans

selbst der

ne wer

nicht nicht fällt

ben be ist ei gen

ta an ehrt gold

Schreibe hier die Sprichwörter auf.

Was Hänschen nicht lernt, ______________________________

____

____

____

____

____

____

____

Kannst du diese Wörter sinnvoll in Vierer-Gruppen ordnen und auf die Schreiblinien eintragen? Dann ist auch klar, was du in die darüber stehenden Kästchen einfügen musst.

schielen
schlürfen schreiben schmeißen
schnuppern
schreiten
schnaufen lauschen schniefen
schmettern
schmatzen stieren staksen verstehen
schauen
aufschnappen horchen spähen spucken
schnüffeln schlurfen schaben schreien stolpern

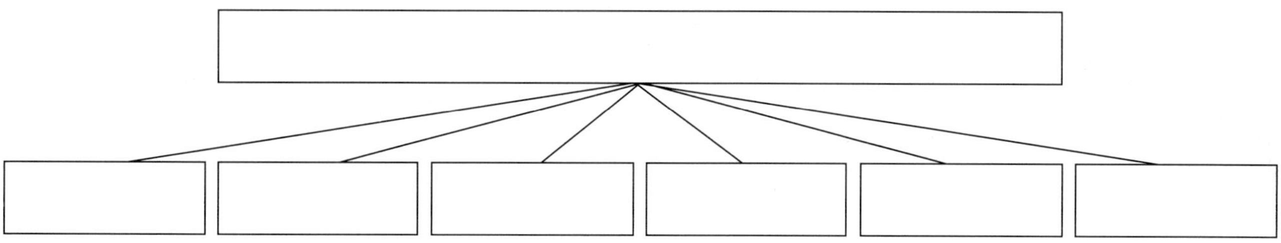

Und nun suche weitere 4 Wörter, die das Schema vervollständigen.

Lies den folgenden Text zunächst einmal gründlich durch.

Was ist das Leben?
Ein schwedisches Waldmärchen

An einem schönen Sommertage war um die Mittagszeit eine Stille im Wald eingetreten. Die Vögel steckten ihre Köpfe unter die Flügel. Alles ruhte.
Da streckte der Buchfink sein Köpfchen hervor und fragte: „Was ist das Leben?"
Alle waren betroffen über diese schwere Frage. Eine Rose entfaltete gerade ihre Knospe und schob behutsam ein Blatt ums andere heraus. Sie sprach: „Das Leben ist eine Entwicklung." Weniger tief veranlagt war der Schmetterling. Lustig flog er von einer Blume zur anderen, naschte da und dort und sagte: „Das Leben ist lauter Freude und Sonnenschein."
Drunten am Boden schleppte sich eine Ameise mit einem Strohhalm ab, zehnmal länger als sie selbst, und sagte: „Das Leben ist nichts als Mühe und Arbeit."
Geschäftig kam eine Biene von einer honighaltigen Blume zurück und meinte dazu: „Das Leben ist ein Wechsel von Arbeit und Vergnügen."
Wo so weise Reden geführt wurden, steckte der Maulwurf seinen Kopf aus der Erde und sagte: „Das Leben ist ein Kampf im Dunkel."
Die Elster, die selbst nichts weiß und nur über andere spottet, sagte: „Was ihr für weise Reden führt! Man sollte meinen, was ihr für gescheite Leute seid!"
Es hätte nun einen großen Streit gegeben, wenn nicht ein feiner Regen eingesetzt hätte, der sagte: „Das Leben besteht aus Tränen, nichts als Tränen." Dann zog er weiter zum Meer. Dort brandeten die Wogen und warfen sich mit aller Gewalt gegen die Felsen, kletterten daran in die Höhe und warfen sich dann wieder mit gebrochener Kraft ins Meer zurück und stöhnten: „Das Leben ist ein stets vergebliches Ringen nach Freiheit."
Hoch über ihnen zog majestätisch ein Adler seine Kreise, der frohlockte: „Das Leben ist ein Streben nach oben."
Nicht weit davon stand eine Weide, die hatte der Sturm schon zur Seite geneigt. Sie sprach: „Das Leben ist ein Sich-Neigen unter eine höhere Macht."
Dann kam die Nacht.
In lautlosem Flug glitt ein Uhu durch das Geäst des Waldes und krächzte: „Das Leben heißt, die Gelegenheit nutzen, wenn die anderen schlafen."
Schließlich wurde es still im Walde.
Nach einer Weile ging ein Mann durch die menschenleeren Straßen nach Hause. Er kam von einer Lustbarkeit und sagte vor sich hin: „Das Leben ist ein ständiges Suchen nach Glück und eine Kette von Enttäuschungen."
Auf einmal flammte die Morgenröte in ihrer vollen Pracht auf und sprach: „Wie ich, die Morgenröte, der Beginn des kommenden Tages bin, so ist das Leben der Anbruch der Ewigkeit."

Worterklärung: Lustbarkeit – Fest

aus: In Geschichten uns wieder finden. Hrsg. Landesstelle der Kath. Landesjugend Bayern e. V.

Nun markierst du alle Lebewesen und Naturkräfte, die sich hier zu Wort melden, mit einer Farbe und das, was sie vom Leben halten, mit einer anderen.

Notiere nun alle Lebewesen, die sich im Text äußern, der Reihe nach in diese Liste und präge sie dir ein.

1. ______________ 8. ______________
2. ______________ 9. ______________
3. ______________ 10. ______________
4. ______________ 11. ______________
5. ______________ 12. ______________
6. ______________ 13. ______________
7. ______________ 14. ______________

Jetzt knickst du diese Liste um.

---------- *hier abknicken* ----------

Kannst du dich an alle 14 Wörter in der richtigen Reihenfolge erinnern? Nenne sie deiner Banknachbarin oder deinem Banknachbarn, ohne nachzuschauen. Bei der Ermittlung deiner Trefferquote kommt es auch darauf an, dass du die richtige Reihenfolge eingehalten hast.

Trefferquote ______ von 14

Und nun entwirfst du zu jedem der 14 Lebewesen ein zeichnerisches Symbol, das bildhaft kennzeichnet, was es vom Leben hält. Achte auf die richtige Reihenfolge.

1. ? 8.
2. → 9.
3. 10.
4. 11.
5. 12.
6. 13.
7. 14.

Anhand von diesen Bildern erzählt ihr euch jetzt den Inhalt des schwedischen Märchens nach. Geht auch hier der Reihe nach vor. Ihr könnt euch die Aufgabe teilen, indem jeder von euch eine Hälfte übernimmt.

Trefferquote ______ von 7 oder ______ von 14

Dass du die Wochentage kennst und zwischen „gestern“, „vorgestern“ und „übermorgen“ unterscheiden kannst, ist selbstverständlich. Aber gelingt es dir auch bei den folgenden Fragen? Übrigens: Du musst die Lösung im Kopf finden, ohne dir Notizen zu machen.

1. Heute ist Montag. Welcher Tag ist zwei Tage nach morgen?

____

2. Vorgestern war 5 Tage vor Dienstag. Welchen Tag haben wir heute?

____

3. Übermorgen ist der 4. Tag nach Mittwoch. Welcher Tag war vorgestern?

____

4. Heute ist Donnerstag. Welcher Tag ist 4 Tage nach gestern?

____

5. Vorgestern waren es 3 Tage vor Freitag. Welchen Tag haben wir heute?

____

6. Übermorgen ist der 2. Tag nach Sonnabend. Welcher Tag war vorgestern?

____

7. Morgen sind es noch 5 Tage bis Sonntag. Welcher Tag ist übermorgen?

____

8. Gestern waren bis Montag noch 5 Tage. Welcher Tag ist morgen?

____

9. Der Tag, der vor vorgestern lag, liegt 2 Tage nach Dienstag. Heute ist demnach

____________________ ?

10. Vorgestern waren es 3 Tage nach Mittwoch. Welchen Tag haben wir übermorgen?

____

- - - - - - - - - - *hier abknicken* - - - - - - - - - -

► *Wenn du bis jetzt noch nicht wahnsinnig geworden bist, dann könnten dir die folgenden Aufgaben den Rest geben, denn du musst die Wochentage rückwärts zählen, also So, Sa, Fr, Do, Mi, Di, Mo.*

11. Wenn gestern Sonntag war, welcher Tag wird morgen sein? ____________________
12. In drei Tagen haben wir Freitag. Welcher Tag war vorgestern? ____________________
13. Ein Tag vor vorgestern war Mittwoch. Welcher Tag wird übermorgen sein? ____________________
14. Wenn 2 Tage vor morgen Dienstag war, welcher Tag wird übermorgen sein? ____________________
15. In 5 Tagen ist Sonnabend. Welcher Tag ist 2 Tage vor übermorgen? ____________________

Einen solchen Schlangenfüßler gibt es nicht in der Tierwelt. Dafür aber zahllose Wörter, die alle etwas mit Tieren zu tun haben, – dazu gehören nicht nur „Wespen“ und „Raupen“, sondern auch „fressen“ und „saufen“ oder auch „mästen“ und „fauchen“ und viele andere Wörter mehr.

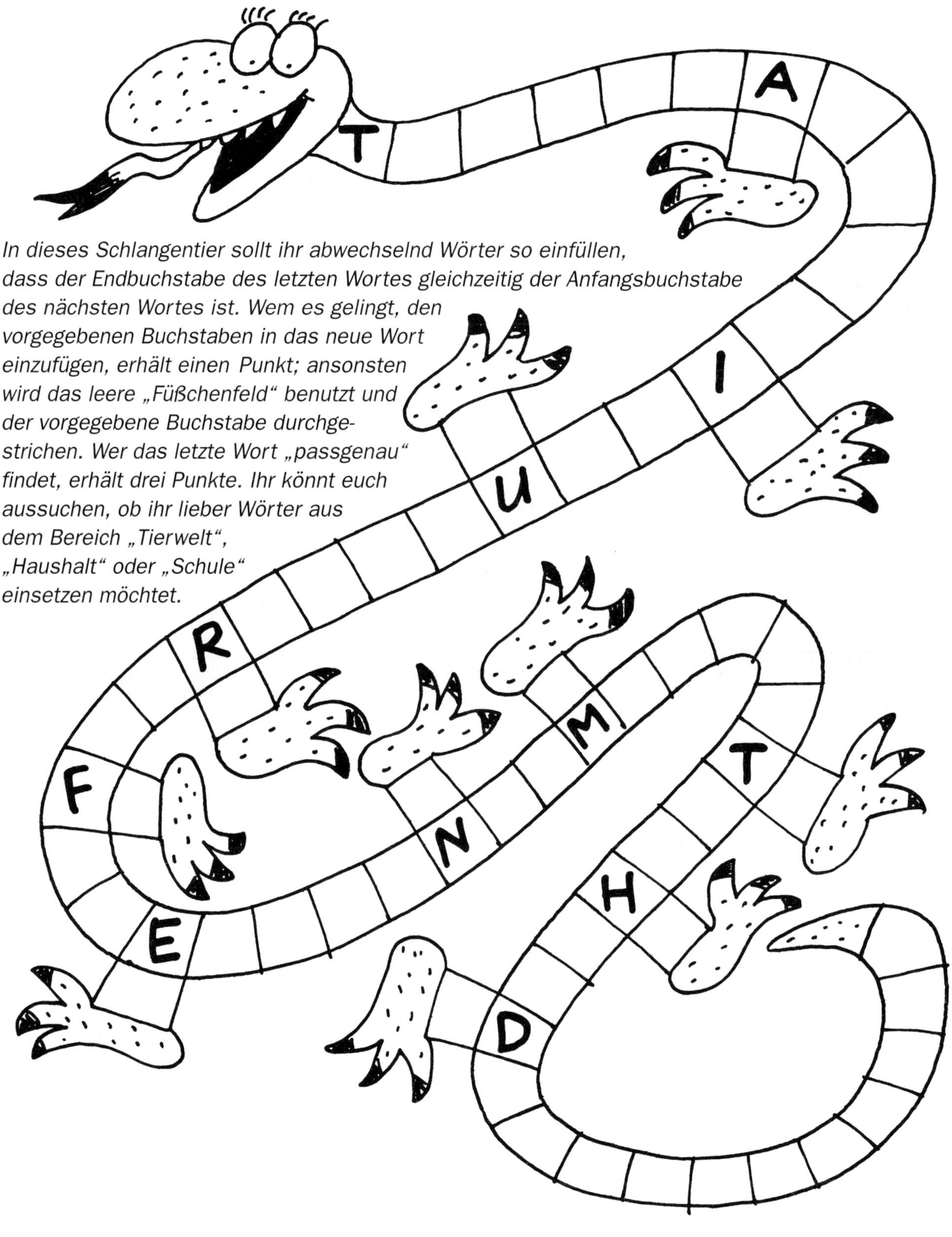

► *In dieses Schlangentier sollt ihr abwechselnd Wörter so einfüllen, dass der Endbuchstabe des letzten Wortes gleichzeitig der Anfangsbuchstabe des nächsten Wortes ist. Wem es gelingt, den vorgegebenen Buchstaben in das neue Wort einzufügen, erhält einen Punkt; ansonsten wird das leere „Füßchenfeld“ benutzt und der vorgegebene Buchstabe durchgestrichen. Wer das letzte Wort „passgenau“ findet, erhält drei Punkte. Ihr könnt euch aussuchen, ob ihr lieber Wörter aus dem Bereich „Tierwelt“, „Haushalt“ oder „Schule“ einsetzen möchtet.*

Name:
Punkte:

Name:
Punkte:

A 26 Rösselsprünge und andere Fortbewegungsarten

Vermutlich weißt du, wie man beim Schachspiel mit dem Pferd springt: Entweder setzt man es zwei Felder waagrecht und ein Feld senkrecht weiter, oder man bewegt es ein Feld waagrecht und zwei Felder senkrecht. Dies ist in alle Richtungen möglich.
Auf diesem Spielfeld sind zahlreiche Fortbewegungsarten genannt, von denen (bis auf eine Ausnahme) immer drei zusammengehören. Du findest sie, wenn du zu dem oben beschriebenen Rösselsprung ansetzt.

	A	B	C	D	E	F	G	H
1	Rös-	hetzen	bummeln	drängen	humpeln	schwanken	klettern	flüchten
2	trippeln	**wandeln**	stolpern	eilen	robben	trödeln	hinken	spazieren
3	schweben	sel-	zwängen	schlendern	wanken	steigen	fliehen	drängeln
4	**schreiten**	stöckeln	flattern	sprung	jagen	krabbeln	promenieren	
5	gleiten	quetschen	stampfen	torkeln	erklimmen	entkommen	schubsen	kriechen
6	stapfen	**stolzieren**	tänzeln	driften	stürzen	flanieren	zurück-schrecken	anhalten
7	kraulen	drehen	straucheln	zurück-weichen	bremsen	kreisen	springen	stoßen
8	fallen	stiefeln	schwimmen	rotieren	hüpfen	abrücken	stoppen	

Schreibe die zusammengehörenden Wörter auf:

schreiten – wandeln – stolzieren

Beim Tic-Tac-Toe-Spiel versucht jeder der 2 Partner einerseits eine vollständige Dreier-Reihe mit seinem Zeichen (Spieler A = ✘, Spieler B = ○) zu füllen und andererseits gleichzeitig zu verhindern, dass der Gegenspieler eine Reihe bilden kann. Die Reihen können horizontal, vertikal oder diagonal verlaufen.

	✘		
		✘	○
			○

Beim Wortspiel Tic-Tac-Toe werden keine Zeichen eingesetzt, sondern Wörter einer Wortfamilie, für die sich jeder Spieler entscheidet (z.B. gehen, Gang, begehbar etc. oder schreiben, Schrift, Beschriftung). Jeder Spieler versucht, immer drei Wörter einer Familie in eine Reihe zu bringen. Wenn man seine Wortfamilie geschickt aussucht, hat man viele Möglichkeiten. Man kann für neue Reihen aber auch neue Wortfamilien wählen.

Für jede Dreier-Reihe erhalten die Spieler einen Punkt. Das Spiel geht so lange weiter, bis das Raster gefüllt ist.

A 28 Wortraster verkehrt

Partnerspiel

Dieses Spiel spielt ihr zu zweit.
Abwechselnd füllt ihr das leere Spielfeld mit Wörtern, die ihr senkrecht, waagrecht, oder diagonal in alle Richtungen schreiben könnt. Für die Verwendung von jedem bereits vorhandenen Buchstaben erhaltet ihr einen Punkt.

L		R	L		
	E	A			
T	A	S	S	E	
		E	E		
		N	H	O	L

So hat z.B. Spieler A in das vorgegebene Wort RASEN das Wort TASSE eingefügt und damit einen Punkt gewonnen. Spieler B hat aus den beiden diagonalen Buchstaben AA das Wort AAL gebildet und zwei Punkte gewonnen. (Weitere Wörter: Esel, Lohn)
Es kommt also darauf an, aus dem vorhandenen „Buchstabensalat“ so viele neue Wörter wie möglich zu bilden, die auch ineinander übergehen können, – allerdings dürft ihr keine Namen verwenden.

Das Spiel ist dann beendet, wenn das Raster gefüllt ist oder keine Wörter mehr gebildet werden können. Sieger ist natürlich die Person, die die meisten Punkte hat.

Name:
Punkte:

Name:
Punkte:

	V									
		I								
			E							
				L						
					G					
						L				
							Ü			
								C		
									K	

Wem gelingt es am schnellsten, die Fremdwörter zu den unten stehenden deutschen Wörtern zu finden?
Wundere dich nicht, wenn Silben übrig bleiben. Setzt du sie richtig zusammen, so erhältst du den Vorwurf, den man Menschen macht, die unnötigerweise zu viele Fremdwörter benutzen.

AG-AR-AT-CHA-CHO-DI-DU-ES-GAN-GIE-GRES-I-IN-IN-KAL-KOM-KU-LA-LI-LO-ME-MIS-MIS-MISS-MO-MO-MUS-MUS-MUS-NIE-ON-ON-OP-PA-PES-PRO-PSY-QUA-QUAN-RAK-RE-RHYTH-RO-RO-SCHNÖ-SE-SEL-SI-SI-SPHÄ-SYM-TÄT-TÄT-TER-TER-TER-TER-THER-THIE-TI-TI-TI-UM-VI

1. Spott ____________________________
2. Zuneigung ____________________________
3. Zuversicht ____________________________
4. Wärmemesser ____________________________
5. Güte ____________________________
6. Neugier/Widmung ____________________________
7. Einzelwesen ____________________________
8. Lufthülle, die die Erde umgibt ____________________________
9. Gesamtheit der Wesenszüge ____________________________
10. Wissenschaft vom Seelenleben ____________________________
11. Angriffslust ____________________________
12. Berechnung ____________________________
13. Menge ____________________________
14. Takt ____________________________
15. Schwarzseherei ____________________________
16. Einigung ____________________________

Und wie lautet nun der Vorwurf für den Fremdwort-Benutzer?

A 30 Grammatik-Domino

Subjekt, Substantiv oder Superlativ? Kennt ihr euch bei den Fachbegriffen der deutschen Grammatik aus? Ihr könnt es gleich zu zweit ausprobieren.

Subjekt	Satzaussage

1. Schneidet die Domino-Kärtchen auf der beigefügten Seite aus.
2. Jeder bekommt neun graue Fachbegriff-Kärtchen und sieben weiße Beispielkärtchen.
3. Auf den Fachbegriff-Kärtchen findet ihr immer einen lateinischen und einen deutschen Begriff aus der Grammatik. Allerdings gehören sie nicht zusammen. Diese Kärtchen müssen in das äußere Rechteck des Spielplans so eingefügt werden, dass lateinische Begriffe neben deren deutsche Bedeutung stehen.
4. Auf den Beispielkärtchen findet ihr zu beinahe jedem Fachbegriff ein Beispiel. Sie gehören in das innere Rechteck des Spielplans, und zwar genau unter „ihren“ Fachbegriff.
5. Nun beginnt der erste Spieler, den Spielplan zu füllen. Er oder sie kann entweder den deutschen Begriff für Subjekt anlegen oder den lateinischen für Satzaussage.
6. Jeder Spieler kann so viele passende Kärtchen unterbringen, wie er zur Verfügung hat.
7. Sieger ist der Spieler, der alle Kärtchen abgelegt hat.

Adverbiale	Beifügung
Subjekt	Satzaussage
2. Steige-rungsstufe	Komparativ
Objekt	Umstands-bestimmung
Nominativ	2. Fall
Fürwort	Adverb

Dativ	4. Fall
Zeitwort	Substantiv
Genitiv	3. Fall
Attribut	1. Fall
Umstands-wort	Adjektiv
Namenwort	Superlativ

1. Steige-rungsstufe	Positiv
Prädikat	Satzergän-zung
Eigen-schafts-wort	Verb
Satz-gegenstand	Artikel
Akkusativ	Grundstufe
Begleiter Ge-schlechts-wort	Pronomen

Jeden Montag ist er krank. In der Schule ist es kalt. Wegen des schlechten Wetters gehen wir heim.
Er sieht ein Haus.
ich mein ihm
Haus

den Gast
der Tisch
Er geht ins Haus. Sie öffnet die Tür.
gestern heute morgen
am besten am schönsten

dem Bettler
des Hundes
der, die, das ein, eine
schön gut klar
besser schöner

A 31 Ein merkwürdiges Unglück

Einzelarbeit

Weißt du, was mit den Begriffen *Subjekt*, *Prädikat*, *Objekt* und *Adverbiale Bestimmung* gemeint ist? Dann fällt es dir sicher leicht, die etwas in Unordnung geratenen Satzteile unten in die vorgegebene Reihenfolge zu bringen.

Lies anschließend den vollständigen Text im Zusammenhang vor.

1. Adverb der Zeit	**2. Prädikat**	**3. Subjekt**	**4. Adverb des Ortes**
geschah 2	in unserem Land 4	ein merkwürdiges Unglück 3	eines Tages 1

1. Subjekt	**2. Prädikat**	**3. Adverb des Grundes**	**4. Adv. d. Art u. Weise**
mit einem Schlag ___	sämtliche Radios und Fernseher ___	wegen kosmischer Störungen ___	verstummten ___

1. Adv. d. Art u. Weise	**2. Prädikat**	**3. Adverb des Ortes**	**4. Subjekt**
rosaroter Schnee ___	auf allen Bildschirmen ___	wirbelte ___	ununterbrochen ___

1. Subjekt	**2. Prädikat**	**3. Adv. d. Art u. Weise**	**4. Akkusativ-Objekt**
drückten ___	die Menschen ___	die Tasten ihrer Geräte ___	verwirrt ___

1. Adverb des Grundes	**2. Prädikat**	**3. Subjekt**	**4. Akkusativ-Objekt**
das Telefonnetz ___	wegen Überlastung ___	versagte ___	seinen Dienst ___

1. Akkusativ-Objekt	**2. Prädikat**	**3. Adverb der Zeit**	**4. Subjekt**
ein großes Schweigen ___	die Wohnzimmer ___	erfüllte ___	zunächst ___

1. Adverb der Zeit	**2. Prädikat**	**3. Subjekt**	**4. Präpositional-Objekt**
erzählten ___	dann ___	von der Schule und den Träumen in der Nacht ___	die Kinder ___

1. Adv. d. Art u. Weise	**2. Prädikat**	**3. Subjekt**	**4. Genitiv-Objekt**
gedachten ___	die Erwachsenen ___	und mit leuchtenden Augen ___	ihrer jungen Jahre ___

1. Subjekt	**2. Prädikat**	**3. Dativ-Objekt**	**4. Akkusativ-Objekt**
einander ___	schenkte ___	man ___	das Sprechen und das Hören ___

1. Adv. d. Art u. Weise	**2. Prädikat**	**3. Subjekt**	**4. Akkusativ-Objekt**
die alten Spiele ___	Alt und Jung ___	schwatzend und lachend ___	spielten ___

1. Adverb des Grundes	**2. Prädikat**	**3. Subjekt**	**4. Akkusativ-Objekt**
eine friedliche Nacht ___	und wegen der großen Ruhe in der Welt ___	die Menschen ___	verbrachten ___

Welche Wörter verstecken sich in den unten abgebildeten Kästchen? Schreibe sie auf die jeweilige Linie. Die ersten Buchstaben jedes Wortes stehen jeweils horizontal, vertikal oder diagonal beieinander. Aber in welcher Richtung?

1.

K	T	E
T	A	S
E		S

Ka ______

2.

	H	T
N	O	E
E	D	M

M ______

3.

E	A	S
N	D	S
	R	E

______

Jetzt werden die Wörter etwas länger:

4.

T	A	M
H	E	M
I	T	A
K	E	R

______

5.

N	R	K
E	E	L
D	I	E
T	A	F

______

6.

S	E	R	I
K	C		D
T		H	L
O	R		U

______

7.

	E	R	
D	N	Ä	T
T	E	N	S
	R	A	K

______

8.

L	I	O
B		T
	I	H
K	E	B

______

9.

A	I	S
N	N	S
T	T	E
	E	R

______

10.

L	I	N	D
P		I	I
I	S		E
Z		T	R

______

11.

	F	Ä	B
	A	U	E
E	B	D	G
	R	I	K

______

Aufgepasst! Bei den folgenden Wörtern fehlt immer ein Buchstabe; schreibe die Wörter richtig auf.

12.

R	S	H
T	C	A
	H	F
	I	F

______

13.

N	D	I	O
E	T		
S	U	I	
S	T		F

______

14.

B	Z	E	R
N	A		I
Ä		L	N
T	T	E	L

______

15.

E	R	T	S
S		N	I
S		O	T
I	T	U	A

______

16.

A	M		
R	G	O	R
S	E	H	P
N	R	E	F

______

17.

	I	N	T
E	S	E	I
L	B	T	S
L	Ä	H	C

______

Kennst du noch andere schwierige Wörter? Entwirf eigene Wörterverstecke und gib sie deinem Nachbarn zum Enträtseln.

A 33 Ohne Punkt und Komma

Ohne Punkt und Komma sind die folgenden Texte geschrieben, aber auch ohne Frage- und Ausrufezeichen sowie ohne Anführungsstriche. Das führt nicht nur zu Verständnisschwierigkeiten, sondern manchmal auch zu widersinnigen Aussagen. Aber du kannst einen Sinn in den Unsinn bringen, wenn du die oben genannten Satzzeichen richtig einfügst.

Annabella meine Schwester und ich fahren zusammen in die Ferien denn wir zwei verstehen uns gut

Sie versprach mit treuem Augenaufschlag ihrem Onkel einen Brief zu schreiben doch da war dieser schon seit Monaten verstorben

Klaus mein bester Freund und ich spielten Karten denn nur zu dritt macht es wirklich Spaß

Donnernd und brüllend flüsterte der Regisseur der Schauspielerin die Rollenanweisung zu

Marsmensch? Rechenfehler? Oder einfach falsch geschrieben?

Es schrieb ein Mann an eine Wand:
Zehn Finger hab ich an jeder Hand
fünfundzwanzig an Händen und Füßen

Bevor Rodrigo seine Geliebte aus der bitteren Gefangenschaft entführte, schrieb er diese Botschaft an sie. Gestalte sie so, dass die Liebenden entkommen können.

Gib mir dein Versprechen nicht
ausplaudern sollst du unser süßes Geheimnis so schnell wie möglich
wirst du mich wiedersehen mit wütendem Geheul und brüllender Eifersucht
wird unser Feind vergeblich uns suchen

Als eine Familie dieses Telegramm aus einem fernen Land erhielt, brach zunächst Verzweiflung aus. Aber nach genauerem Lesen schlug diese in Heiterkeit um, denn man entdeckte die Fehler des Postbeamten.

freut euch nicht + stopp + unser boot ist gesunken + stopp + vater lebt nicht mehr + stopp + länger sollt ihr trauern mit freuden + stopp + feiern wir bald das wiedersehen.

Schreibe den Text richtig auf:

____

____

Mit Hilfe der richtigen Satzzeichen kannst du dieser Aussage drei verschiedene Bedeutungen geben:

Was bist du dumm
Was bist du dumm
Was bist du dumm

Die folgenden 24 Wörter lassen sich zu einem einzigen Satz verknüpfen.

dunkel	erschöpft	steht	ein
Tür	Hauses	einsamen	späten *(2)*
Wald	am *(1)*	mitten	dichten
Abend	eines	der	vor
und	gekleideter	bittet	im
Wanderer	Unterkunft	geschlossenen	um

Wie lautet der Satz?

Am späten

___

___

Den folgenden Satz kannst du zusammenpuzzeln, wenn du die Wörter in der gleichen Reihenfolge anordnest wie in der ersten Tabelle. Allerdings musst du bei manchen Wörtern die richtigen Fall-Endungen und Verbformen finden.

gut	heiter	wandeln	die
Park	Anwesen	weitläufig	früh
Land	zu	in	südlich
Stunde	ihr	der	durch
oder	ausschlafen	reiten	ein
Schlossherrin	Feld	herrlich	übers

Wie lautet der Satz?

___

___

___

Stell dir vor, in einer Winternacht auf einem zugefrorenen See zu stehen. Das kommt sicherlich nicht oft vor. Und nun passiert etwas ganz Unheimliches. Unter dem Eis bewegt sich etwas, schwimmt hoch bis zu der zugefrorenen Seefläche und du erkennst – ein lebendiges, menschliches Gesicht. Sicherlich würdest du dieses Erlebnis nicht mehr vergessen. Der Dichter Gottfried Keller hat diese unheimliche Erfahrung in einem Gedicht beschrieben. Kannst du es zusammenpuzzeln?

Schneide die einzelnen Verse aus und versuche, das Erlebnis zusammenzusetzen.
So viel sei verraten: Das Gedicht hat folgendes Schema: abab, cdcd, efef, ghgh

Mit ersticktem Jammer tastet sie

Auf dem dünnen Glase stand ich da

Schaute durch das grüne Eis empor

Nicht ein Flügelschlag ging durch die Welt

Immer, immer liegt es mir im Sinn

Dicht ich unter meinen Füßen sah

Keine Welle schlug im starren See

Aus der Tiefe stieg der Seebaum auf

An der harten Decke her und hin

Ihre weiße Schönheit Glied um Glied

Still und blendend lag der weiße Schnee

Ich vergess das dunkle Antlitz nie

Das die schwarze Tiefe von mir schied

Nicht ein Wölklein hing am Sternenzelt

Bis sein Wipfel in dem Eis gefror

An den Ästen klomm die Nix herauf

Spielregeln

1. Die Kärtchen werden einmal auf festes Papier kopiert und ausgeschnitten.
2. Die Klasse wird in zwei Gruppen A und B geteilt. Jede Gruppe schickt bei jedem Spielgang einen Vertreter bzw. eine Vertreterin A und B zum Pult.
3. Vertreter A nimmt eines der verdeckt liegenden Kärtchen. Das fett gedruckte Wort muss von diesem Schüler innerhalb von einer Minute so definiert werden, dass die gesamte Klasse den Begriff erraten kann. Dabei dürfen die 4 darunter stehenden Wörter nicht verwendet werden. Vertreter B kontrolliert, ob dies der Fall ist.
4. Wenn der Begriff innerhalb der vorgegebenen Zeit erraten wurde, bekommt die Gruppe einen Punkt, aus der die Nennung kam. Dann nimmt Vertreter B ein Kärtchen und definiert den darauf stehenden Begriff.
5. Konnte die Klasse aufgrund der Definition eines Vertreters den Begriff nicht raten, bekommt die Gegengruppe einen Punkt. Dasselbe passiert, wenn ein Vertreter eines der „verbotenen" Wörter verwendet hat.
6. Die Gruppe mit den meisten Punkten ist Sieger.

Klamotten ~~Kleidung~~ ~~anziehen~~ ~~tragen~~ ~~Bekleidung~~	**Trottel** ~~Dummkopf~~ ~~Idiot~~ ~~vergessen~~ ~~Tollpatsch~~	**schuften** ~~arbeiten~~ ~~sich ab-/bemühen~~ ~~sich anstrengen~~ ~~malochen~~	**super** ~~gut~~ ~~wunderbar~~ ~~ausgezeichnet~~ ~~hervorragend~~
Zaster ~~Geld~~ ~~Münze~~ ~~kaufen~~ ~~zahlen~~	**verknallt** ~~verliebt~~ ~~Liebe~~ ~~gerne mögen~~ ~~verschossen~~	**verkracht** ~~Streit~~ ~~Auseinandersetzung~~ ~~Konflikt~~ ~~zerstritten~~	**Wälzer** ~~Buch~~ ~~dick~~ ~~Band~~ ~~lesen~~
Quatsch ~~Unsinn~~ ~~Blödsinn~~ ~~stimmen~~ ~~zutreffen~~	**pumpen** ~~leihen~~ ~~Geld~~ ~~Zahlungsmittel~~ ~~geben~~	**Streber** ~~Schüler~~ ~~Schule~~ ~~Noten~~ ~~fleißig~~	**pingelig** ~~genau~~ ~~sorgfältig~~ ~~exakt~~ ~~richtig~~

Mief ~~riechen~~ ~~Geruch~~ ~~abgestanden~~ ~~Luft~~	**Spicker** ~~klein~~ ~~Zettel~~ ~~Papier~~ ~~schreiben~~	**schwatzen** ~~reden~~ ~~sprechen~~ ~~sich mitteilen~~ ~~Wort~~	**Kumpel** ~~Freund~~ ~~Kamerad~~ ~~Bergmann~~ ~~Bekannter~~
maulen ~~jammern~~ ~~klagen~~ ~~nörgeln~~ ~~mögen~~	**schlampig** ~~unordentlich~~ ~~sorgfältig~~ ~~chaotisch~~ ~~nachlässig~~	**Balg** ~~Kind~~ ~~Mensch~~ ~~klein~~ ~~jung~~	**gerädert** ~~erschöpft~~ ~~kaputt~~ ~~müde~~ ~~abgespannt~~
Pulle ~~Flasche~~ ~~Getränk~~ ~~Gefäß~~ ~~Flüssigkeit~~	**stressig** ~~anstrengend~~ ~~erschöpfend~~ ~~Nerven~~ ~~Stress~~	**Patsche** ~~Notlage~~ ~~Zwangslage~~ ~~Klemme~~ ~~helfen~~	**latschen** ~~laufen~~ ~~gehen~~ ~~sich fortbewegen~~ ~~Beine~~
Pauker ~~Lehrer~~ ~~Schule~~ ~~Unterricht~~ ~~unterrichten~~	**Glotze** ~~Fernseher~~ ~~TV~~ ~~fernsehen~~ ~~schauen~~	**pennen** ~~schlafen~~ ~~Nacht~~ ~~nachts~~ ~~schnarchen~~	**Drahtesel** ~~Rad~~ ~~Fahrrad~~ ~~Fahrzeug~~ ~~radeln~~

In einer kleinen Stadt erzählt man sich immer wieder die Geschichte von dem betrügerischen Gast, der zwei Wirte „aufs Kreuz legte". Aber wenn eine Geschichte oft erzählt wird, gibt es meist unterschiedliche Fassungen. Finde heraus, welche der drei Aussagen jeweils passen könnte und was der Gast zum Schluss gesagt hat.

Es ist ein altes Sprichwort: Wer anderen eine Grube gräbt, fällt selbst darein. Aber der Löwenwirt in einem gewissen Städtlein war selbst schon vorher darin. Zu diesem kam ein wohlgekleideter Gast. Kurz und trotzig verlangte er für sein Geld eine gute Fleischsuppe. Hierauf forderte er auch ein Stück Rindfleisch und ein Gemüs, für sein Geld. Der Wirt fragte ganz höflich, ob ihm nicht auch ein Glas Wein beliebe?

a) „Habt Dank, werter Wirt" sagte der Gast, „aber mein Weg ist noch lang, und ein solcher Trank ermüdet die Glieder."	b) „Habt Dank." sagte der Gast. „Aber eine Schale Milch von eurer besten Kuh würde mich wohl eher erfrischen."	c) „Oh freilich, ja", erwiderte der Gast. „Wenn ich etwas Gutes haben kann für mein Geld."

Nachdem er sich alles wohl hatte schmecken lassen, zog er einen abgeschliffenen Sechser aus der Tasche und sagte: „Hier, Herr Wirt, ist mein Geld." Der Wirt antwortete:

a) „Mit Verlaub, werter Herr, dieses Geldstück ist wohl durch viele Hände gegangen, es gleicht mehr einem flachen Kieselstein als einer Münze. Gebt mir eine bessere."	b) „Was soll das heißen? Seid ihr mir nicht einen Taler schuldig?"	c) „Höret, ich sehe, dass ihr stark und kräftig seid. Behaltet euer Geld und helft mir heute die Kühe melken, denn die Magd liegt krank darnieder."

Der Gast erwiderte:

a) „Was fällt euch ein? Sehe ich aus wie ein Bettler oder Zigeunerweib, dass ich die Dienste einer Magd vollführen soll? Gebt mir mein Geld und freut euch, wenn ich eine solche Beleidigung nicht weitererzähle."	b) „Aber mit Verlaub, Herr Wirt, auch der Ochs, dessen zähes Fleisch ich aß, zählte viele Jahre, so dass mein Sechser recht wohlfeil für dieses Mahl ist."	c) „Ich hab für keinen Taler Speise von euch verlangt, sondern für mein Geld. Hier ist mein Geld, mehr habe ich nicht, habt ihr mir zu viel dafür gegeben, so ist's eure Schuld."

Dieser Einfall war eigentlich nicht weit her. Es gehörte nur Unverschämtheit dazu, und ein unbekümmertes Gemüt, wie es am Ende ablaufen werde. Aber das Beste kommt noch.

a) „Ihr seid ein durchtriebener Schalk", erwiderte der Wirt, „und hättet wohl etwas anderes verdient. Aber ich schenke euch das Mittagessen und ein vierundzwanzig Kreuzerstück dazu. Nur seid stille zur Sache, und geht zu meinem Nachbarn, dem Bärenwirt, und macht es ihm ebenso."	b) „Verzeiht, werter Herr," erwiderte der Wirt. „Es liegt mir fern, euch so missmutig ziehen zu lassen. Hier nehmt euer Geld und vergesst meine Bitte. Und lasst es nicht den Bärenwirt wissen, der mir seit langem mit Unbill droht."	c) „Da könnt ihr aber froh sein, dass ihr nicht bei meinem Nachbarn, dem Bärenwirt gespeist habt. Er liebt es, seine Gäste mit gesottenen Schuhsohlen zu bewirten."

Das sagte er, weil er mit seinem Nachbarn, dem Bärenwirt, aus Brotneid im Unfrieden lebte, und einer dem anderen jeglichen Tort und Schimpf gerne antat und erwiderte. Aber der schlaue Gast griff lächelnd mit der einen Hand nach dem angebotenen Geld, mit der anderen vorsichtig nach der Tür, wünschte dem Wirt einen guten Abend und sagte:

____

____

So waren im Grunde beide hintergangen, und der dritte hatte den Nutzen davon.

Sicherlich hast du schon davon gehört, dass es Computerprogramme gibt, die einen englischen Text selbstständig ins Deutsche übersetzen. Als diese auf den Markt kamen, hat eine Firma in Großbritannien, die Campingartikel herstellt, ein solches Programm eingesetzt, um Gebrauchsanweisungen für deutsche Kunden übersetzen zu lassen. Allerdings hat man dann doch recht schnell wieder einen menschlichen Übersetzer eingestellt, denn der Computer hat den folgenden Text formuliert:

Irgendwo Können Sie Gemütliches Schlafen Geniessen

1. Die Inflation: Drehen das Messing Ventil zu offener Position. Die Puff Unterlage wird sich puffen. Um eine zusätzlich feste Unterlage zu haben, braucht man die Luft darin mehrer zu ablassen. Wenn die Luft reichbar, dann drehen das Ventil zu geschlossener Position.

2. Die Deflation: Im Zweck auf Tragen oder Lagern, drehen das Ventil zu offener Position und dann rollen die Puff Unterlage auf. Inzwischen drucken die Unterlage langsam bis entleert. Für kleinere Konfigurationen ist es nötig, die Puff Unterlage noch einmal zu rollen. Wenn die übrige Luft in der Nähe des Ventil bleibt, dann machen das Ventil auf. Nach der Luft aus, dann schliessen nochmal das Ventil.

Achtung

- Wenn die Puff Unterlage schon lange Zeit gerollt wurde, da braucht man zwei oder drei Mals, die Luft sie zu puffen und ablassen, dann wird die Unterlage in einer gute Form erhalten.

- Wenn das Wetter kalt ist, wird die Puff Unterlage sich langsam puffen. Entrollen die Puff Unterlage und liegen auf ihr, dann wird sie von der Wärme sich Inflationen bekommen.

- Wenn die Puff Unterlage etwas Kaputt geht, kann man mit dem zusätzlichen Nylon, Kleiderstoff und Zement reparieren.

- Die Feuchtigkeit immer schadet der Puff Unterlage, so muss man achten, ob die Oberfläche und die Untenfläche trocken ist.

Frau Schneider liest ratlos diesen Text und zieht das Wörterbuch zu Hilfe. Sie findet darin:
Inflation – (auch) Luft hineinlassen, aufblasen
Deflation – (auch) Luft ablassen
Konfiguration – Zusammenstellung

► *Formuliere den Text so um, dass Frau Schneider ihn verstehen kann.*

Die folgende Art von Test wird einem gelegentlich bei einer Einstellungsprüfung vorgelegt: Man soll beweisen, wie gut man sich konzentrieren kann. Und das ist wirklich nicht ganz einfach, denn du musst 3 Anweisungen gleichzeitig befolgen und dabei möglichst wenige Fehler machen.
Lies also die folgenden Aufträge und die dazu gehörenden Beispiele gut durch, denn du darfst sie nicht noch einmal anschauen:

1. Streiche jeden einzelnen Buchstaben, der zwischen zwei Vokalen steht, schräg durch;
z.B.: klmra~~l~~os vki a lkm

2. Streiche jeden Buchstaben, der auf einen gleichen folgt, schräg durch;
z.B.: klmra ~~a~~l os vki a lk~~k~~m

3. Streiche jede Gruppe von 2 Buchstaben dann durch, wenn eine Gruppe von 2 Buchstaben unmittelbar vorhergeht;
z.B.: klmra alos vki a lk ~~km~~

Nun knicke die Seite ab und streiche die Buchstabenkombinationen durch, auf die die Bedingungen 1, 2 und 3 zutreffen.

-- *hier abknicken* --

kon zent rat iona lsow enn ichd ieses wor tsch on
höre bek om mei ch sofor tdi et ota lemat tsch eibe
imh irn ic hsit zeda nn vor mein erm at hea rbeit
zu mb eis pi elmei nblic kv ers chwi mmt ang esi
chts de r räts elha fte nz ah lenk ol onne ndi eich
au fnoc hrät sel ha ft erew eise z uei nems inn voll
ener geb nis führ e ns ol lme ine geh irnw ind unge
nspa nn ensi chs ch on siew oll e nw irkli chm ein
eg esa mte gei s tesk raft bün deln ab ere sgel ingt
ih n enwie der ni cht un dübr igbl ei bt eink noten
wir rer geda nk en ohn ea nfan gun dohn e ende
so wie ein bein ahel eer es bla ttmi th ei matl osen
z ah le nun ter d enen da nn sich e rli ch wi edere in
mal die her ri sc hefün fo der au chse chs mei nesl
ehre rs zu erk enne ns ein wi rd.

Wenn du fertig bist, solltest du feststellen, wie lange du für diese Aufgabe gebraucht hast und anschließend deine Trefferquote überprüfen.

Zeit	Richtige

Übrigens: Wenn du die einzelnen Lautgruppen des Textes richtig aneinander fügst, die korrekte Groß- und Kleinschreibung sowie Zeichensetzung vornimmst, erhältst du eine Äußerung, die dir vielleicht nicht unbekannt ist.

Lies diesen Text einmal gründlich und konzentriert durch und schreibe anschließend auf, wie viel Zeit du für die Lektüre gebraucht hast.

Wenn du deine beiden Fäuste zusammenhältst, siehst du in diesem Gebilde ungefähr die Größe deines Gehirns. Das scheint nicht besonders beeindruckend zu sein, dennoch ist das Gehirn eines jeden Menschen ein Hochleistungs-Organ, das die Fähigkeit auch des größten Computers in den Schatten stellt.

Das liegt nicht nur daran, dass sich in diesem doppelfaustgroßen Gebilde mindestens 15 Milliarden Zellen befinden, sondern dass diese Zellen auch mit Hilfe von Kontaktstellen, den Synapsen, so miteinander vernetzt sind, dass sich eine unermesslich große Leistungsfähigkeit bei der Informationsverarbeitung ergibt. Allerdings nutzen wir beim Lernen bei weitem nicht diese Fähigkeiten aus – und außerdem wissen wir zu oft nicht, wie wir diese Kapazitäten richtig einsetzen.

Wer Erfolg beim Lernen haben will, sollte gehirn-gerecht lernen und den biologischen Gegebenheiten des Gehirns folgen. Dazu sollte man beispielsweise wissen, dass die Fähigkeit der Informationsverarbeitung unseres Gehirns nicht selten durch Stress-Hormone beeinträchtigt wird, die dann ausgestoßen werden, wenn ein Mensch Angst, Unlust, Schrecken erlebt. Dann werden nämlich die Synapsen und damit das Denken blockiert. Für die Urmenschen war diese Denkblockade überlebenswichtig, denn in Augenblicken der Gefahr durften sie keine Zeit mit „Problemanalyse“ verlieren, sondern mussten schnell reagieren, nämlich fliehen. Leider kennen wir diesen Mechanismus nur dann zu gut, wenn wir in einer beängstigenden Prüfungssituation nur noch ein Brett vor dem Kopf haben und all das Wissen, das wir uns vorher mühsam angeeignet haben, nicht zugänglich ist, weil unsere Biologie auf „Flucht“ eingestellt ist. Daher sollte man mit Entspannungstechniken, positiven Gedanken und klaren Zielvorgaben Angst machende Faktoren beim Lernen ausschalten.

Wichtig ist auch, dass man vor einer Lernphase das Vorwissen aktiviert, abklärt, ob es gesichert ist, und den neuen Stoff aktiv mit diesem bereits vorhandenen Wissen verknüpft. Dabei sollte man möglichst viele Sinne aktivieren. Denn von dem, was wir hören, behalten wir nur 20%, beim Lesen sind es 30%, wenn wir aber etwas in eigenen Worten und Sätzen ausdrücken, wenn wir also sprechen oder schreiben, bleiben 70 – 80% hängen. Wer also nicht nur liest und zuhört, sondern den Lernstoff jemandem erzählt oder in eigenen Worten formuliert, nutzt die Speicherfähigkeit des Gehirns am besten.

Dabei muss man dennoch bestimmte Zeitfaktoren beachten, denn die Konzentrationsfähigkeit des Menschen ist beschränkt und sollte durch geschickt eingelegte Pausen immer wieder aufgefrischt werden. Es wird geraten, nach 20 Minuten eine 5-Minutenpause einzulegen, nach 40 bis 45 Minuten eine längere Unterbrechungszeit zwischenzuschalten. Um Ermüdungserscheinungen vorzubeugen, sollte man sich unterschiedliche Stoffgebiete in diesen Lernabschnitten vornehmen und auch den Lernkanal wechseln. Die Tagesleistungskurve des Durchschnittsmenschen besagt, dass man am Vormittag und nach dem Mittagstief am leistungsfähigsten ist, so dass man wichtige Lerngebiete nicht unbedingt am späten Abend abarbeiten sollte.

Ohne Wiederholung bleibt der gelernte Stoff allerdings nicht erhalten, denn innerhalb von 24 Stunden vergisst man 80% des Gelernten. Die Informationsverarbeitung erfolgt in unserem Gehirn nämlich über 3 verschiedene Speicher: Jeder Reiz dringt zunächst in das Ultrakurzzeitgedächtnis von außen ein und klingt nach wenigen Sekunden ab. Das gilt natürlich auch für Informationen. Erst wenn diese verstärkt oder verknüpft werden, gelangen sie ins Kurzzeitgedächtnis, wo sie etwa 20 Minuten zur Verfügung stehen. Wer also schnell in der Pause noch etwas lernt, kann diesen Speicher erfolgreich füllen und vielleicht einen Test bewältigen.

Aber danach ist das Wissen schnell wieder entschwunden. Erst durch Wiederaufnahme, d. h. durch Wiederholung gelangt es in das Langzeitgedächtnis. Dazu wiederholt man die Informationen etwa 10 Minuten nach der Lernperiode, dann nach 24 Stunden und nach einer Woche. Wenn sie nach einem Monat oder einem halben Jahr immer noch vorhanden ist, hat man sie bis zum Rest seines Lebens gespeichert.

Der ganze Text enthält 590 Wörter. Ermittle nun deine Lesegeschwindigkeit, indem du 590 durch die Zahl der Sekunden teilst, die du beim Lesen des Textes benötigt hast. Dann multiplizierst du diesen Wert mit 60.

590 : ___ x 60 = Wörter/Minute (Lesegeschwindigkeit)

↑ Zeit in Sekunden

Auch wenn du eine hohe Lesegeschwindigkeit erzielt hast, nützt dir dies wenig, wenn du die Informationen dabei nicht richtig oder nur unvollständig behalten hast.

Deswegen solltest du nun überprüfen, wie viel du von den Inhalten noch weißt:

	richtig	falsch
1. Das Gehirn ist etwa faustgroß.		
2. Die Gehirnzellen bezeichnet man auch als Synapsen.		
3. Wir besitzen mindestens 15 000 000 000 Gehirnzellen.		
4. Denkblockaden entstehen oft durch den Ausstoß von Stress-Hormonen.		
5. Beim Lesen speichern wir 20% der Informationen, beim Hören 30%.		
6. Die Aktivität beim Sprechen und Schreiben führt dazu, dass wir mehr als drei Viertel der Informationen speichern können.		
7. Man sollte beim Lernen nur nach 40 bis 45 Minuten eine Pause machen.		
8. Die Tagesleistungskurve hat ihre Höhepunkte vormittags und nachmittags.		
9. Im Ultrakurzzeitgedächtnis bleibt die Information etwa 20 Minuten lang.		
10. Nur durch regelmäßige Wiederholung in unterschiedlichen Abschnitten behalten wir Lernstoff über lange Zeit.		

Überprüfe die Richtigkeit deiner Aussagen.

Behaltensleistung

Du kannst deine Behaltensleistung prozentual ermitteln, wenn du davon ausgehst, dass du bei 10 richtigen Antworten 100% richtig gespeichert hast, bei 9 Treffern 90% usw.

Die Kelten und die Germanen hatten eine große Vorliebe für Muster und Ornamente, bei denen viele Bänder miteinander zu dekorativen Knoten verschlungen wurden. Die Vorlage für die Zeichnung unten stammt aus dem 7. Jahrhundert.

Verfolge die Linienführung zunächst nur mit den Augen. Kannst du herausfinden, aus wie vielen Bändern diese Abbildung besteht? Du musst dich vermutlich sehr konzentrieren.

Wenn du es ohne Hilfsmittel nicht geschafft hast, die Zahl der Bänder herauszufinden, kannst du nun die Linien mit einem Bleistift nachfahren.

In der ursprünglichen Abbildung war der optische Eindruck noch verwirrender, weil die Bänder farbig gestaltet waren, allerdings so, dass mehrere Farben immer wieder ineinander übergingen. Versuche einmal, die Bänder auszumalen, wenn du nervös und angespannt bist, du wirst merken, dass dich das Gestalten beruhigt.

Nun ist in dem Muster eine chinesische Weisheit versteckt. Die einzelnen Wörter findest du leicht heraus, wenn du dem Lauf der Bänder folgst. Aber wo ist der Anfang und wo ist das Ende?

A 42 Am frühen Morgen

Nicht jeder Tagesbeginn verläuft reibungslos. Gelegentlich gibt es einen Schulmorgen, an dem einiges schief geht. Im folgenden Ablaufplan sind mehrere Alternativen aufgezeigt. Du kannst ihn richtig ausfüllen, wenn du weißt, dass die Raute eine Möglichkeit aufzeigt und das Rechteck die Folgehandlung.

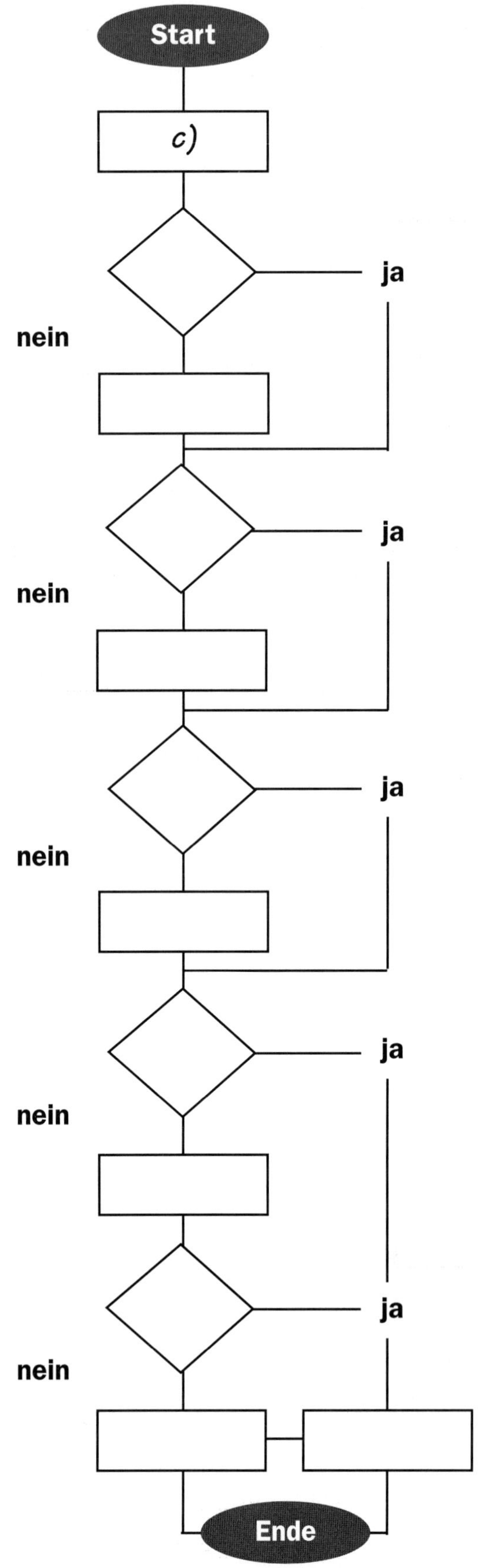

a) Völlig erschöpft erreichst du nach einem langen Fußmarsch die Schule.

b) Der Wecker klingelt wie immer pünktlich, und natürlich stehst du sofort auf?

c) Es ist Zeit zum Aufstehen.

d) Müde, hungrig und ungewaschen verlässt du eilig das Haus.

e) Wundersamerweise geht der Schulgong nicht, und der Lehrer der ersten Stunde ist sowieso erkrankt, so dass du deine gelangweilten Klassenkameraden vorfindest?

f) Du stürzt in die Klasse, die gerade einen Test schreibt.

g) Du bist viel zu spät aufgewacht.

h) Der Bus steht noch da und du erreichst ihn?

i) Jetzt hast du ein ernstes Problem.

k) Dir fällt eine brillante Entschuldigung ein?

l) Das Badezimmer ist frei, das Frühstück steht auf dem Tisch, du hast die Schulsachen schon bestens gepackt?

m) Du bist ein absoluter Glückspilz.

Mit diesen Strukturelementen könnt ihr nun selbst einen Ablaufplan mit Alternativen „basteln“.

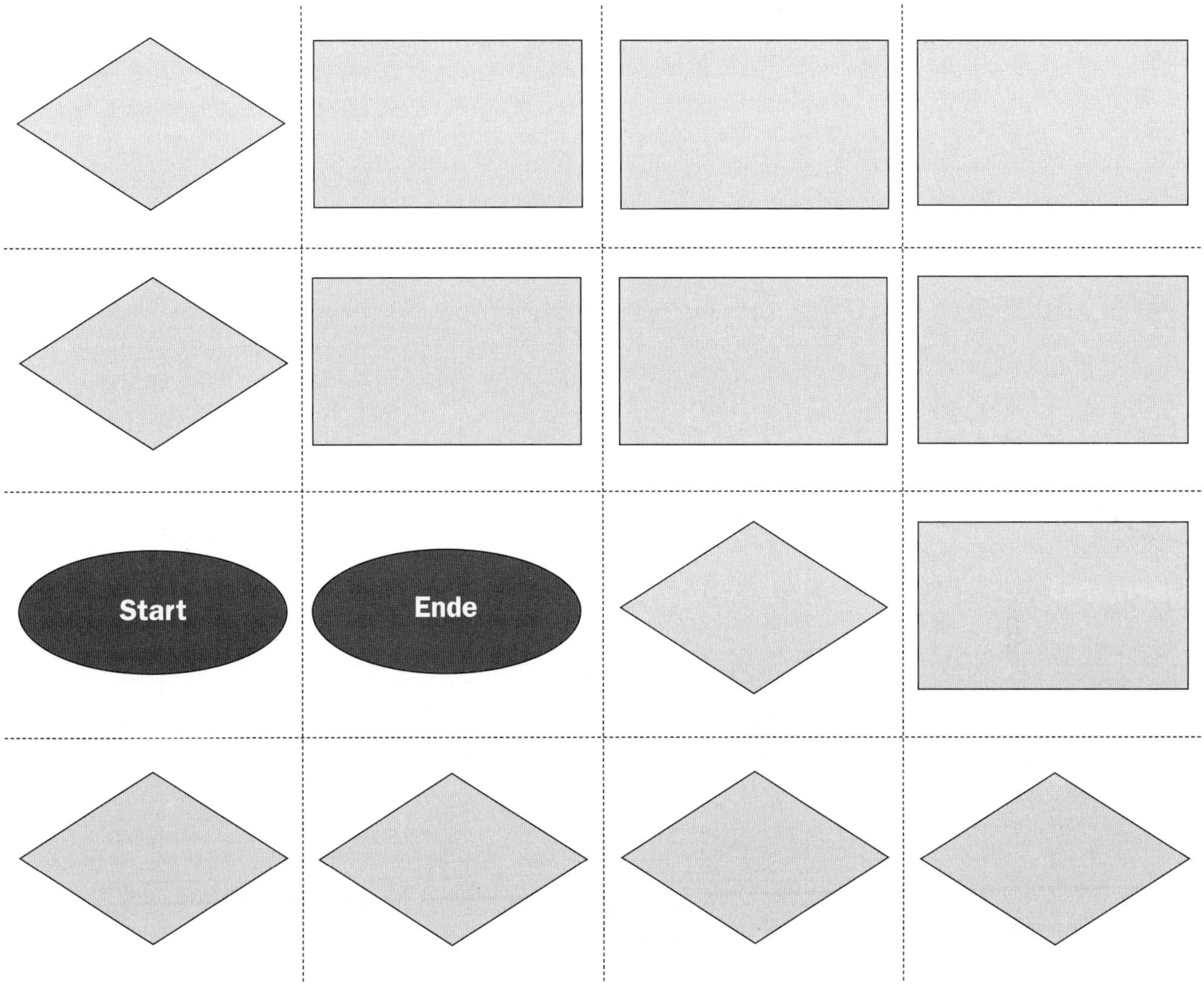

Beispiele

1. Du hast eine lang ersehnte Verabredung mit einem neuen Freund/einer neuen Freundin. Bevor du losgehst, erhältst du einen Telefonanruf von jemandem, der dringend deinen Rat oder deine Hilfe benötigt.

2. Du hast deinen Eltern hoch und heilig versprochen, an diesem Abend pünktlich um 23.00 Uhr zu Hause zu sein. Um 22.45 hast du gerade noch den richtigen Bus erwischt. Im Bus musst du allerdings feststellen, dass du deinen Geldbeutel mit allen Ausweisen und deinem Schlüssel in der Diskothek liegen gelassen hast.

3. Mitten in der Nacht schreckst du auf, weil dir einfällt, dass morgen ein Vokabeltest fällig ist. Du kannst dir weder eine schlechte Note leisten noch darauf bauen, dass du die Vokabeln beherrschst.

Vielleicht fällt euch ein eigenes Problem ein.

A 43 Was ist Erfolg?

Gruppenarbeit

Bei dieser Arbeit kommt es darauf an, dass ihr zusammen arbeiten könnt, ohne miteinander zu sprechen. Die folgenden Wörter werden zunächst ausgeschnitten und sollen dann zu einer sinnvollen Aussage zusammengelegt werden.
Jedes Gruppenmitglied darf höchstens 4 Kärtchen verschieben. Erst wenn ein Mitspieler fertig ist, darf der nächste weitermachen.

Position	die	sich
so	sondern	die
jemand	Erfolg	zu
bezeugt	durch	nicht
durch	Widerstände	einnimmt
die	diese	musste
Position	erreichen	er
überwinden	die	um

In der deutschen Sprache gibt es zahlreiche Wörter, die gleich klingen und geschrieben werden, aber unterschiedliche Bedeutung haben wie z.B. „Ball“ (Tanzveranstaltung und kugeliges Spielzeug). Man bezeichnet sie als Homonyme. Wer hat zuerst alle Homonyme gefunden?

1. Schicksal	____________	Gewinnschein
2. sich schnell bewegen	____________	Grasfläche
3. Seil	____________	Niederschlag
4. Dummkopf	____________	Öffnung
5. Feier	____________	hart
6. Nicht-Christ	____________	Landschaft
7. musikalisches Zeichen	____________	Bewertung
8. einen Preis haben	____________	schmecken
9. er kommt näher	____________	Linie, an der etwas zusammengefügt wurde
10. prächtiges Gebäude	____________	Vorrichtung, die nicht nur zum Öffnen dient
11. Metallstift	____________	Endbereich der Gliedmaßen
12. Musikinstrument	____________	auf manchen Tierköpfen zu finden
13. bevor	____________	zwischenmenschliche Verbindung
14. Teil einer Pflanze	____________	mathematisches Zeichen
15. zusammengefügter Papierstapel	____________	Gebäudekomplex
16. Transportmittel	____________	Einatmung
17. Sinnesorgan	____________	Mittelpunkt einer Sturmart
18. Wohnungsbereich	____________	offene Landschaft
19. Teil einer Pflanze	____________	Papier
20. kleines Handarbeitsgerät	____________	Teil einer Baumart
21. Sinnesorgan	____________	Teil eines Schnürschuhs
22. Münze	____________	Bestandteil eines Knochens
23. Kreditinstitut	____________	Sitzmöbel

A 45 Der mikronationale Psychograf

Der mikronationale Psychograf schaute autologisch auf sein Monometer.
Klingt gut, aber leider gibt es keines dieser „Fremdwörter“, weil ihre Bestandteile falsch verbunden wurden.

Wie viele wirklich existierende Fremdwörter kannst du aus diesen Bestandteilen bilden? Verbinde sie mit Linien. Und kannst du auch ihre Bedeutung erläutern?

psych(o) **phys** **chrono**
meter
ion **geo** **biblio** **skop**
graf
inter **automat**
national
log/logie/loge
ton
tät
therm(o) **quanti**
bio **krat** **thek**
isch
kontinental
kommun
demo **quali**
mikro **multi** **mono**

Bei dieser Übung könnt ihr herausfinden, ob ihr genau beschreiben könnt. Jeder von euch hat ein Raster mit 3 unterschiedlichen Mustern vor sich. Beschreibe deinem Partner die Muster in den Feldern A, E und C so, dass er oder sie diese genau nachzeichnen kann. Umgekehrt sollst du deine leeren Felder B, D und F mit der Abbildung füllen, die dein Partner dir beschreibt. Anschließend vergleicht ihr eure Blätter. Wer hat genauer beschrieben?

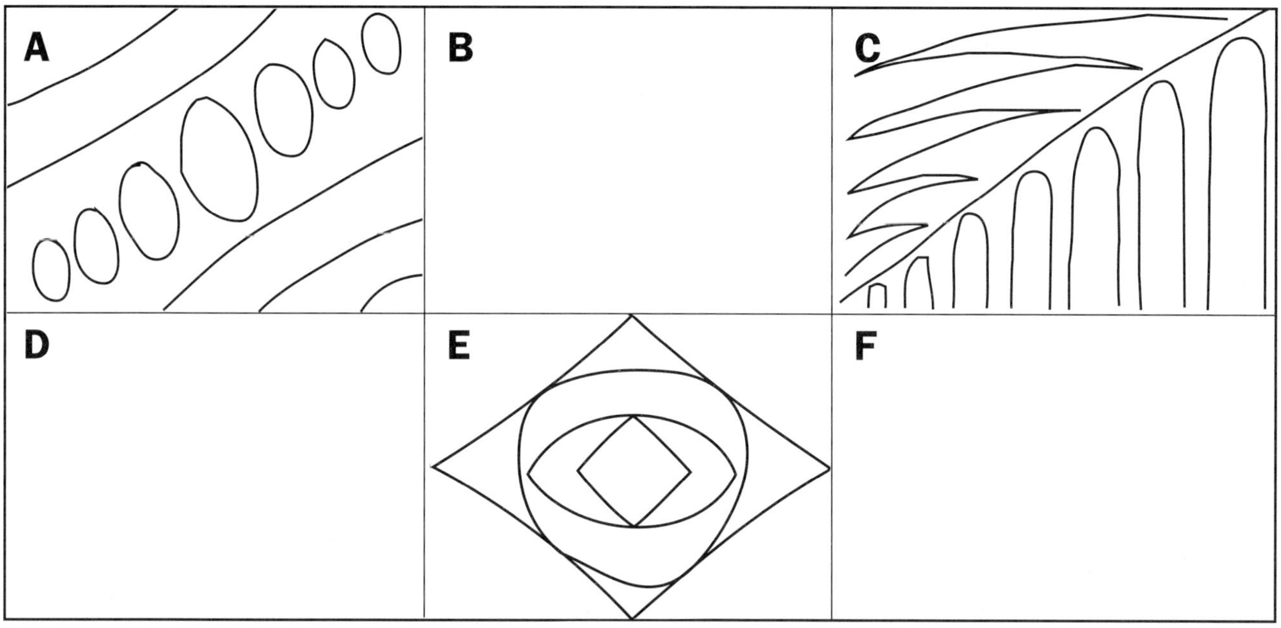

--- *hier abknicken* ---

Bei dieser Übung könnt ihr herausfinden, ob ihr genau beschreiben könnt. Jeder von euch hat ein Raster mit 3 unterschiedlichen Mustern vor sich. Beschreibe deinem Partner die Muster in den Feldern B, D und F so, dass er oder sie diese genau nachzeichnen kann. Umgekehrt sollst du deine leeren Felder A, C und E mit der Abbildung füllen, die dein Partner dir beschreibt. Anschließend vergleicht ihr eure Blätter. Wer hat genauer beschrieben?

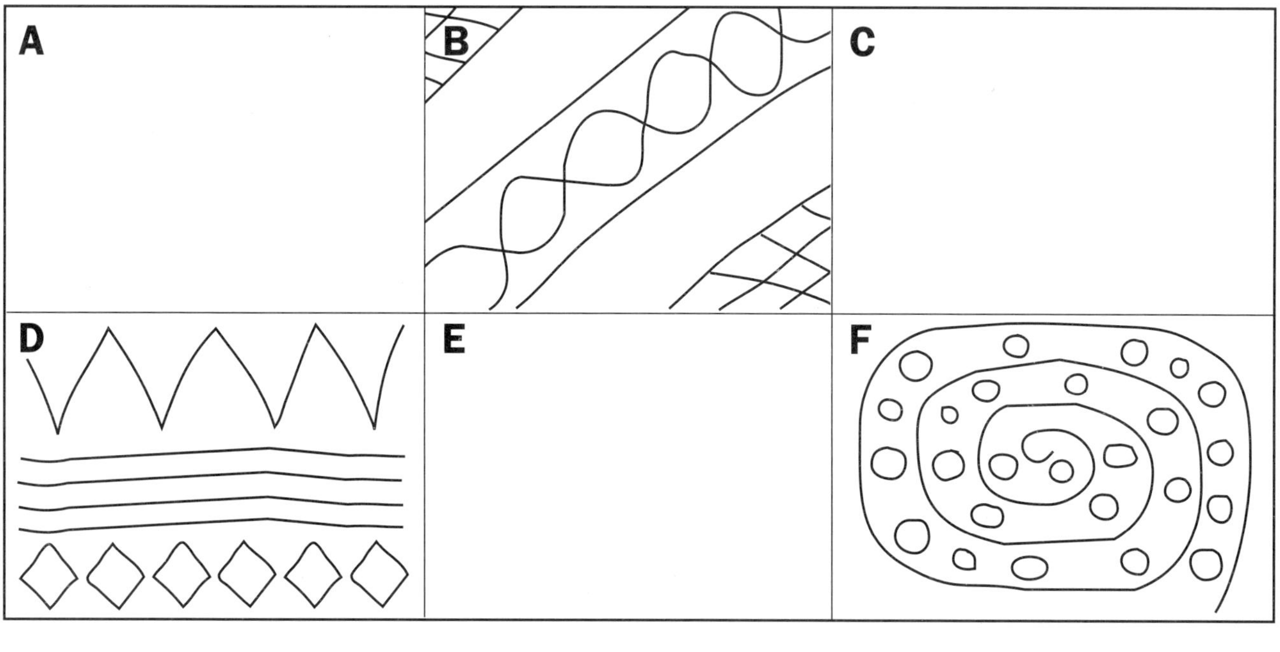

A 47 Heute schon kreativ gewesen?

Wettspiel

Bei den folgenden Übungen kommt es darauf an, dass ihr euch in kurzer Zeit so viel wie möglich einfallen lasst. Dabei könnt ihr eurer Fantasie weiten Raum geben.

- *Schreibe möglichst viele Wörter auf, die mit f/F beginnen und mit r enden.*

- *Schreibe so viele Sätze wie möglich auf, bei denen die Wörter mit den folgenden Buchstaben beginnen.*

D r/R w/W l/L

- *Das Buffet bei einer Party soll nur Speisen enthalten, die rot oder grün sind. Schreibe alles auf, was diese Farben hat und essbar ist.*

- *Schreibe so viele Kosewörter oder liebevolle Bezeichnungen für Menschen und Tiere auf, die dir einfallen.*

- *Schreibe so viele Wörter wie möglich auf, die du aus den Buchstaben des Wortes BATTERIE bilden kannst.*

Dieses Spiel spielt ihr zu zweit. Jeder von euch hat einen bestimmten Buchstaben-Vorrat. Mit Hilfe dieser Buchstaben fügt ihr nun abwechselnd horizontal oder vertikal Wörter in das Spielfeld ein; die dafür benutzten Buchstaben löscht ihr aus eurem Vorrat, indem ihr ihn dort durchstreicht.

Für jeden Buchstaben, den ihr aus einem bereits vorhandenen Wort im Spielfeld übernehmt, erhaltet ihr einen Bonus-Punkt. Notiert eure Bonus-Punkte am Seitenrand.

Das Spiel ist zu Ende, wenn keiner von euch weitere Wörter bilden kann. Nun zählt ihr eure Bonus-Punkte zusammen und zieht die Zahl der übrig gebliebenen, also nicht gelöschten Buchstaben aus eurem Vorrat davon ab. Sieger ist, wer die höchste Punktzahl erreicht hat.

Buchstaben-Vorrat für Spieler A

A	A	A	B	B	C	C	D	D	E	E	E	E	E	F	F	G	G	H	H	I	I	I	J	J	K	K	L	L	M
M	M	N	N	N	O	O	P	P	Q	R	R	R	R	S	S	S	S	T	T	U	V	W	W	X	Z	Z	Ä	Ö	Ü

			P																
				A															
					P														
						I													
							E												
								R											
									S										
										C									
											R								
												A							
													B						
														B					
															L				
																E			

Buchstaben-Vorrat für Spieler B

A	A	A	B	B	C	C	D	D	E	E	E	E	E	F	F	G	G	H	H	I	I	I	J	J	K	K	L	L	M
M	M	N	N	N	O	O	P	P	Q	R	R	R	R	S	S	S	S	T	T	U	V	W	W	X	Z	Z	Ä	Ö	Ü

Stell dir vor, du könntest in diesem Augenblick dein ganzes zukünftiges Leben vorherbestimmen. All deine Wünsche, Pläne und Ziele sollen allerdings in diesem Lebensbaum zu finden sein, und zwar so, dass die übergeordneten Begriffe in den Ästen stehen, die untergeordneten in den Blättern.
Da es ja dein Lebensbaum ist, kannst du auch Äste und Blätter hinzufügen, aber pass gut auf, – so mancher Wunsch hat sich im Nachhinein als Unglück erwiesen. Denke also gut nach, wenn du deinen Lebensbaum gestaltest.

Nun suchst du dir einen Gesprächspartner, der deine Abbildung nicht sehen darf. Erzähle ihm oder ihr anhand deines Lebensbaumes über deine Zukunftsvorstellungen. Dein Gesprächspartner soll deinen Lebensbaum nachzeichnen können. Vergleicht anschließend die Abbildungen.

In den folgenden fünf Spalten sind Behauptungen zu den Themen Lernen, Glück, Verzeihen, Pflicht und Armut durcheinander geraten.

Wie schnell kannst du sie richtig zusammensetzen?

a	**b**	**c**	**d**	**e**
Seele	man	verzeihen	bleiben	aufhört
alles	gerne	nicht	arm	jeder
ist	zuerst	einem	gelten	ist
durcheinander	nicht	ist	manche	zu
was	tun	Menschen	weil	mag
Glück	soll	Zeichnen	Menschen	lernen
die	man	Wasser	daran	Jahre
rüttelt	was	der	zu	zwanzig
	tut	im	reich	der
		bereut	setzen	achtzig
		wie	als	alt
			sie	er
			alles	oder
				zählen

a)

b)

c)

d)

e)

Hier kannst du dich testen:	5 Min.	Irre gut!
	8 Min.	Du kannst stolz auf dich sein.
	10 Min.	Glückwunsch, du hast es geschafft, obwohl die Aufgabe nicht leicht war.

Die Situation

Die 16-jährige Sabine hat seit einem Monat einen Job: Am Wochenende und manchmal auch in der Woche arbeitet sie zwischen 18.00 und 21.00 Uhr als Bedienung in einem Bistro. Normalerweise ist sie eine durchschnittliche Schülerin, aber nun hat sie schon die dritte Fünf mit nach Hause gebracht. Es kommt zu einem Gespräch mit dem Vater, welches mit den folgenden Worten beginnt.

Vater: „Sabine, ich müsste unbedingt mit dir reden. Also …“

Lies dein Rollenkärtchen gut durch und führe das Gespräch mit deinem Partner/deiner Partnerin. Tauscht eure Argumente aus. Euer Ziel ist, eine einvernehmliche Lösung in diesem Konflikt zu finden.

Sabine

bekommt 60 DM Taschengeld im Monat. Davon muss sie ihre Hefte und Kosmetika kaufen. Die Kleidung bezahlen die Eltern.
Sabine möchte sich häufiger Markenkleidung kaufen, weil dies in ihrer Clique so üblich ist. Aus diesem Grund ist sie froh über den Job, der es ihr ermöglicht, sich manche Kleidungsstücke selbst zu kaufen.
Sie geht gerne in die Schule, findet jedoch, dass man dort zu wenig für das „richtige Leben“ lernt. Die Arbeit in dem Bistro macht ihr Spaß, weil sie dort sehr zügig und überlegt tätig sein muss und bei den Gästen gut ankommt.
Seitdem sie arbeitet, hat sie sich ein Sparbuch angelegt, wo sie überschüssiges Geld für eine größere Anschaffung ansammelt.
Sabine glaubt nicht, dass ihre schlechten Noten mit dem Job zusammenhängen. Sie hatte auch schon früher, als sie noch keinen Job hatte, einen „Durchhänger“.
Sabine weiß, dass der neue BMW, den sich ihr Vater geleistet hat, mit Hilfe eines Kredits gekauft wurde.
Sie will ihren Job unbedingt behalten.

Die Situation

Die 16-jährige Sabine hat seit einem Monat einen Job: Am Wochenende und manchmal auch in der Woche arbeitet sie zwischen 18.00 und 21.00 Uhr als Bedienung in einem Bistro. Normalerweise ist sie eine durchschnittliche Schülerin, aber nun hat sie schon die dritte Fünf mit nach Hause gebracht. Es kommt zu einem Gespräch mit dem Vater, welches mit den folgenden Worten beginnt.

Vater: „Sabine, ich müsste unbedingt mit dir reden. Also …“

Lies dein Rollenkärtchen gut durch und führe das Gespräch mit deinem Partner/deiner Partnerin. Tauscht eure Argumente aus. Euer Ziel ist, eine einvernehmliche Lösung in diesem Konflikt zu finden.

Der Vater

hat sich vom kleinen Angestellten durch Fleiß und Beharrlichkeit in eine verantwortungsvolle Position hochgearbeitet. Da er sehr sparsam ist, konnte sich die Familie ein eigenes Haus leisten.
Eigentlich begrüßt er, dass Sabine arbeiten will, aber ihm gefällt es nicht, dass sie bedient. Lieber wäre ihm, wenn Sabine Zeitungen austragen oder Nachhilfestunden geben würde.
Er kann überhaupt nicht verstehen, warum man so viel Geld für Markenkleidung bezahlen muss, wo es qualitativ hochwertige Ware auch zu einem günstigeren Preis gibt.
Sabine ist sein einziges Kind, und er legt großen Wert darauf, dass sie einen guten Schulabschluss macht, so dass sie einen guten Ausbildungsplatz bekommt oder eine weiterführende Schule besuchen kann.
Bei einem Elternsprechtag hat der Vater erfahren, dass Sabine in letzter Zeit häufig müde und unkonzentriert wirkt.
Er möchte, dass Sabine ihre Arbeit aufgibt und sich mehr auf die Schule besinnt.

In der folgenden Tabelle findest du fünf Aussagen, die du entweder bestätigen oder ablehnen kannst. Kennzeichne deine Meinung, indem du deine volle Zustimmung bzw. Ablehnung mit entweder ++ oder – – ankreuzt. Wenn du die Aussagen nur eingeschränkt für richtig oder falsch hältst, kreuzt du die einfachen Vorzeichen an.

Heutzutage braucht man in Deutschland einfach ein Auto.	++	+	–	– –
Man sollte Streit auf jeden Fall in jeder Situation vermeiden.	++	+	–	– –
Die heutige Jugend hat es schwerer als die jungen Menschen in früheren Zeiten.	++	+	–	– –
Freundschaft ist wichtiger als Liebe.	++	+	–	– –
Auch an deutschen Schulen sollte eine Schuluniform eingeführt werden.	++	+	–	– –

Nun ist Teamfähigkeit gefragt; suche dir also drei Teampartner, so dass ihr eine Vierer-Gruppe bildet. Eure Aufgabe ist es, zu einer gemeinsamen Bewertung der fünf Aussagen zu gelangen. Um zu einer Einigung zu finden, müssen die Teammitglieder natürlich nicht nur ihre Bewertung nennen, sondern sie auch begründen können. Sucht überzeugende Argumente oder Beispiele, so dass sich auch „widerspenstige" Gruppenmitglieder mit der gemeinsamen Bewertung einverstanden erklären können.

Tragt die gemeinsame Bewertung in die Tabelle unten ein.

Gruppenlösung

Heutzutage braucht man in Deutschland einfach ein Auto.	++	+	–	– –
Man sollte Streit auf jeden Fall in jeder Situation vermeiden.	++	+	–	– –
Die heutige Jugend hat es schwerer als die jungen Menschen in früheren Zeiten.	++	+	–	– –
Freundschaft ist wichtiger als Liebe.	++	+	–	– –
Auch an deutschen Schulen sollte eine Schuluniform eingeführt werden.	++	+	–	– –

Nun wählt ihr einen Sprecher aus. Er oder sie soll der Klasse bekannt geben, auf welche Bewertungen ihr euch bei eurer Gruppenlösung geeinigt habt und wie sie begründet wurde.

A 53 Für Querdenker

Einzelarbeit

Bei manchen Behauptungen, die man im täglichen Leben hört, verschlägt es einem glatt die Sprache. Das soll dir aber bei den unten stehenden Thesen und Forderungen nicht passieren, sondern du sollst versuchen, sie überzeugend zu begründen. Wenn du dabei nicht unbedingt todernst bleiben kannst, wäre es verständlich.

Es wäre besser, wenn die Bäume in den Himmel wachsen würden.

Stecknadeln gehören zu den verheerendsten Erfindungen der Weltgeschichte.

Ich würde ganz gerne einmal meine Ferien auf dem Mond verbringen.

Nur durch ein Mindestmaß von zwei Stunden Talkshows täglich kann die Allgemeinbildung gefördert werden.

Die Schulzeit sollte in Zukunft nicht mehr als vier Jahre umfassen.

Dass wir zwei Hände mit je fünf Fingern haben ist eine überflüssige Erfindung der Evolution.

Wer im Glashaus sitzt, sollte kräftig mit Steinen werfen.

Man kann nur eine glückliche Kindheit erleben, wenn es im Haushalt keine Zahnbürsten gibt.

Ein gutes Buch sollte nicht mehr als 10 Seiten umfassen.

Zur Ausbildung eines Lehrers sollte die Qualifikation als Chefkoch gehören.

In Zukunft sollte man Autos grundsätzlich mit 6 Rädern bauen.

Den Programmablauf einer Waschmaschine zu beobachten ist sinnvoller als fernzusehen.

Wird man bei der Familie des Freundes/der Freundin zum Essen eingeladen, sollte man seinen Dank durch fröhliches Schmatzen, Schlürfen und Rülpsen ausdrücken.

Kannst du die literarischen Fachbegriffe, die sich auf den Bildfeldern befinden, richtig zuordnen? Schneide sie aus, und klebe sie an der richtigen Stelle auf die passende Definition. Du erhältst die Abbildung eines Mannes, der mit den meisten dieser Begriffe hervorragend umgehen konnte.

Verwendung eines Wortes im übertragenen Sinn, z.B. das „Auge des Gesetzes“	Strenge Gedichtform, in der auf 2 vierzeilige Strophen 2 dreizeilige folgen	Begriffe, die neben ihrer augenscheinlichen Bedeutung auf einen tieferen Sinn verweisen	Versfuß, der aus der Folge einer kurzen und einer langen Silbe besteht	Gedichtform, in der eine Geschichte erzählt wird
Literaturgattung, in der Texte in einer gebundenen, konzentrierten Sprache verfasst werden	Form des Dramas, in der ein unvermeidlich zerstörerisches Schicksal vorgeführt wird	Handlungsabschnitte, in die ein Drama unterteilt ist	Form des Dramas, in der sich eine zu Beginn unauflösbare Problematik am Ende positiv löst	Selbstgespräch einer Person
Literaturgattung, in der sich eine Handlung in Form von Dialog und Monolog entwickelt	Erzählender Text, in dem sich die Handlung aufgrund einer „unerhörten Begebenheit“ entwickelt	Literarische Darstellung, in der Verhältnisse kritisch und ironisch betrachtet werden	Kurze Erzählung, mit abruptem Beginn und offenem Ende	Kurze Erzählung, in der Tiere die Merkmale von Menschen übernehmen
Literaturgattung, in der eine Handlung erzählt wird	Handlungsabschnitte innerhalb eines Aktes	Erzählender Text über eine im Einzelnen nicht verbürgte, oft wunderbare Begebenheit	Versreihe, die auf der Wiederkehr einer bestimmten Ordnung beruht	Abfolge von Wörtern mit einem gleich oder ähnlich klingenden Anfang

A 54 Literaturpuzzle

Einzelarbeit

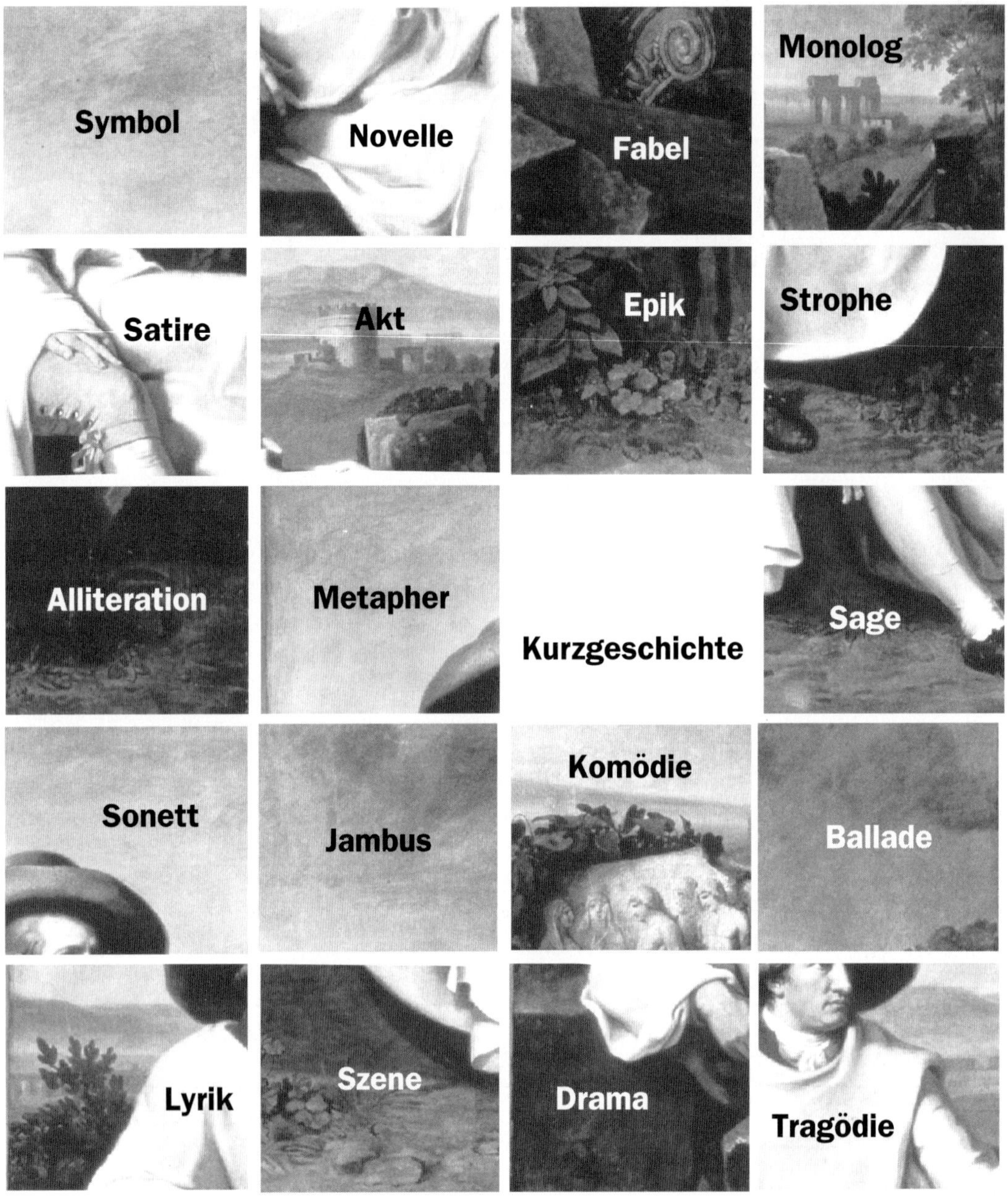

Luisa ist bei ihrer Freundin Anne zu Besuch. Da klingelt das Telefon. Luisa hört dem Gespräch zu und macht sich so ihre Gedanken, was Annes Gesprächspartner sagt.

Anne: Hallo, hier fünf-sechs-drei-drei-zwei.

Anne: *(ungeduldig)* Hier fünf-sechs-drei-drei-zwei, Metzler.

Anne: Ja, ich bin am Apparat.

Anne: (*fragend*) Kevin? Kevin wer? Ich kenne keinen Kevin.

Anne: Jaaa? Aha? Der Kevin aus dem Tirili. Das sagt mir jetzt nichts.

Anne: *(seufzend)* Ja, das stimmt. Gestern ging es mir echt nicht gut. Da habe ich wahrscheinlich wieder schrecklich viel erzählt.

Anne: Oh je, du bist vermutlich der große Blonde, der so gut tanzen kann. Hoffentlich habe ich dich nicht fürchterlich genervt. Du bist ja auch ziemlich schnell dann gegangen. Ist ja toll, dass du dich meldest.

Anne: *(zögernd)* Ach so, jetzt weiß ich wieder. Du bist der Schwarze, (*stockt*) ich meine, du bist der mit den schwarzen Haaren.

Anne: *(gedehnt)* Aha. Sag mal, woher hast du eigentlich meine Telefonnummer?

Anne: Na klar, die Luisa mal wieder. Na warte! *(macht eine verärgerte Kopfbewegung zu Luisa hin)*

Anne: Treffen? *(schaut sich im Spiegel an, der vor ihr hängt)*

Anne: Also, das ist jetzt schwierig. Ehrlich. *(fährt sich mit der Hand durchs Haar)*

Anne: Weißt du, ich habe dir das vielleicht gestern auch gesagt. Schule und so. Und natürlich ist da mein Vater, weißt schon.

Anne: Nee, du. Momentan sieht es echt schlecht aus. *(betont nett)* Aber es ist ganz lieb von dir, dass du angerufen hast, äh, Kevin.

Anne: Also tschau, Kevin. Noch mal danke. Für gestern und so. Vielleicht sehen wir uns mal wieder im Tirili. Irgendwann. Jetzt weiß ich ja, wer du bist. Tschau.

Anne verdreht die Augen, legt kopfschüttelnd den Hörer auf und schaut Luisa ärgerlich an.

Schreibe stichwortartig auf, was Annes Gesprächspartner gesagt haben könnte.

A 55 Die zwei Seiten eines Telefongesprächs

Einzelarbeit

Der siebzehnjährige Kevin weiß nicht, dass sein Vater in dem Augenblick ins Wohnzimmer gekommen ist, als er gerade eine Telefonnummer gewählt hat. Herr Mobuto hört dem Gespräch unbemerkt zu und macht sich so seine Gedanken, was Kevins Gesprächspartnerin sagt.

Kevin: Äh, wie bitte?

____

Kevin: *(etwas hektisch)* Ach so, ja, äh, ich wollte die Anne sprechen. Gibt es die da?

____

Kevin: *(freudig)* Ach, hi, Anne! Ich bins, der Kevin.

____

Kevin: Also ich bin der Kevin von gestern Abend. Du weißt schon, im Tirili.

____

Kevin: Du, wir haben uns doch so lange unterhalten, gestern Abend. Hinten in der Ecke. Fast eine Stunde lang. Du warst nicht gut drauf gestern, ziemlich down, würde ich mal sagen.

____

Kevin: *(verständnisvoll)* Das macht doch nichts! Du hast mir so viel von dir erzählt und von der Geschichte mit deinem Vater, weißt du noch?

____

Kevin: Nein, ich fand das so toll, dass du so viel Vertrauen zu mir hattest. Wir kannten uns ja noch gar nicht. Jedenfalls musste ich die ganze Nacht darüber nachdenken, was du mir gesagt hast, das ist mir alles richtig nahe gegangen. Geweint hast du auch.

____

Kevin: Ja, ja. Der bin ich. Mein Vater kommt aus Nigeria. Aber meine Mutter ist eine Deutsche.

____

Kevin: *(munter)* Deine Freundin hat sie mir gegeben, nachdem du weg warst. Die mit den blauen Haaren.

____

Kevin: Ja, was wollte ich sagen? Geht es dir heute besser? Ich dachte, wir könnten uns vielleicht mal treffen.

____

Kevin: *(nervös)* Also dann nicht im Tirili. Wir können ja auch ins Hotspot gehen, da geht's ein bisschen ruhiger zu. Da kann man gut reden. Ich kann dich ja abholen.

____

Kevin: *(langsam)* Ach so.

____

Kevin: Na ja gut. Aber hast du denn gar keine Zeit?

____

Kevin: Ist doch klar. *(leise)*

____

Kevin: Tschau.

Kevin legt enttäuscht den Hörer auf und geht schweigend aus dem Zimmer.

► *Schreibe stichwortartig auf, was Kevins Gesprächspartnerin gesagt haben könnte.*

Man verbringt jeden Tag eine Menge Zeit mit Reden. Muss man jedoch eine Minute lang über ein Thema sprechen, das unerwartet gestellt wird, so ist das gar nicht so einfach.

1. Nachdem die Themenkärtchen ausgeschnitten sind, wird ein Sitzkreis mit der ganzen Klasse gebildet; alle Schüler können Blickkontakt miteinander aufnehmen.
2. Ein Schüler/eine Schülerin zieht ein Kärtchen und spricht eine Minute lang zu dem angegebenen Stichwort.
3. Anschließend reicht er/sie den Kartenstapel an einen beliebig ausgewählten Mitschüler weiter; dieser muss nun die „Minuten-Rede“ halten.

Freundschaft	**Eltern**	**Hobby**
Schule	**Ferien**	**Freizeit**
Arbeit	**Liebe**	**Musik**
Disko	**Meer**	**Sonne**

Bücher	**Fernseher**	**Handy**
Computer	**Geschwister**	**Flugzeug**
Klassenfahrt	**Wald**	**Wasser**
Treue	**Stress**	**Angst**
Freude	**Fernweh**	**Gemütlichkeit**
Einsamkeit	**Langeweile**	**Arbeit**

Worum geht es eigentlich bei den folgenden Definitionen?
Suche die passenden Begriffe heraus.

1. __________ ist einer, der alles von dir weiß und dich trotzdem liebt.

2. __________ ist doch eine hässliche Krankheit, sagen die Bakterien. (*Piet Hein*)

3. Das __________ ist die Wunde, die nie heilt und an der keiner stirbt. (*Hebbel*)

4. Der __________ ist ein Nichteck.

5. __________ ist die schnellste Bestätigung des Selbstgefühls. (*Hans Arndt*)

6. __________ ist die Jahreszeit der Hoffnung.

7. __________ sind unsere besseren Ichs.

8. __________ ist der Knopf, der verhindert, dass uns der Kragen platzt. (*Ringelnatz*)

9. __________ ist eine Meinung, die ein Mensch hat.

10. __________ und vergessen heißt, kostbare Erfahrungen zum Fenster hinausschmeißen.

11. __________ ist das unbehagliche Gefühl, der andere könne am Ende vielleicht doch Recht haben. (*Frost*)

12. __________ ist Gerechtigkeit für die Ungerechten. (*Augustinus*)

13. __________ ist Verstand, der zu spät kommt. (*Feuchtersieben*)

14. __________ heißt nicht, sich etwas ausdenken; es heißt aus den Dingen etwas machen.

15. __________ ist das Wagnis mehr zu können als man kann. (*Wiesner*)

16. __________ ist die neueste Verpackung für die alte Ware. (*Nahr*)

Der Freund · Gewissen · Vorurteil · Gesundheit
Toleranz · Humor · Mut · Kreis · Strafe
Ideale · Reue · Fantasie · Jugend
Vergeben · Schlagfertigkeit · Mode

Das Arbeitsheft wurde so aufgebaut, dass einerseits nach Aufgabenstellungen für die Klassen 5/6, 7/8 und 9/10 unterschieden wurde, andererseits jedoch auch Aufgabenstellungen bzw. Übungsschwerpunkte so zusammengestellt werden können, dass man Trainingsunterlagen mit ansteigendem Schwierigkeitsgrad klassenübergreifend zusammenstellen kann.

Gedächtnis-/Konzentrationsschulung:
A 1, A 2, A 3, A 4, A 20, A 24, A 39, A 40, A 41

Strukturbildung:
A 5, A 22, A 42, A 49

Rechtschreibung:
A 11, A 14, A 15, A 32, A 33

Grammatik:
A 8, A 13, A 30, A 31

Lerntechnik:
A 23, A 40

Wortfindungsspiele:
A 7, A 9, A 12, A 25, A 27, A 28, A 38, A 44, A 48

Ausdrucksübungen:
A 6, A 8, A 26, A 27, A 36, A 38, A 44

Fremdwörter:
A 29, A 45

Beschreibung:
A 17, A 38, A 46

Kreativität:
A 10, A 12, A 18, A 47, A 55, A 56

Argumentation:
A 51, A 52, A 53

Literatur:
A 16, A 19, A 35, A 37, A 54

Spiele:
A 7, A 11, A 27, A 28, A 36, A 48

Rätsel:
A 21, A 29, A 32, A 34, A 41, A 43, A 50, A 57

Für die folgenden Arbeitsblätter benötigen die Schüler Schere und eventuell einen Klebestift:
A 8, A 31, A 35, A 36, A 43, A 54, A 56
Folgende Arbeitsblätter lassen sich als wieder einsetzbare Materialien für Freiarbeitsstunden nutzen, wenn Sie auf Karton kopiert und eventuell laminiert werden: A 8, A 31, A 35, A 36, A 43, A 54, A 56

5./6. Klasse

A 1 Geheime Botschaften

Es geht hier darum, Informationen, die mit Hilfe einer fremden Zeichensprache übermittelt werden, richtig zu entschlüsseln. Sie können die Seite mit den Abbildungen auch auf Folie kopieren, 2 – 3 Minuten Zeit für die Betrachtung geben und diese dann ausblenden.

Lösungen:
1. Hier wird geprügelt. 2. Nein, die Bewohner sind unfreundlich. 3. Ein bissiger Hund. 4. Nein, aber es gibt etwas zu essen. 5. Aufdringlich. 6. Haus Nr. 7. 7. Es lohnt sich frommes Verhalten, andererseits ist es dort gefährlich. 8. Ja, denn dort gibt es Geld. 9. Eine überzeugende Krankheit. 10. Dort lohnt es sich, wenn man arbeitswillig ist.

Anschlussaufgabe:
Auch für Schüler kann es ganz praktisch sein, vor der Stunde etwas über Stimmung und Absichten der Lehrer zu erfahren, die überwiegend in ihrem eigenen Raum unterrichten wie z. B. in den Fächern Physik, Chemie oder Musik. Die Schüler können Zeichen entwickeln für: Achtung, Lehrer fragt ab / schreibt vermutlich Test / ist nicht gut gelaunt / ist bestens gelaunt / erzählt heute gerne etwas über seinen Hund / sollte geschont werden.

A 2 Lauter lange Laute

Diese Aufgabe ist eine Variante der Konzentrationstests, bei denen üblicherweise die geometrischen Formen leer oder mit Zahlen gefüllt sind. Für den Deutschunterricht wurde die Aufgabenstellung so verändert, dass ausschließlich Laute vorkommen, die lang ausgesprochen werden oder werden können. Das ist vor allem für die 11. Frage relevant.
Das Blatt kann auch auf Folie kopiert werden.
Die Übung kann als Wettkampf durchgeführt werden, der in 3 Etappen durchgeführt werden sollte. (Frage 1 – 5; Frage 6 – 10; 11. Wörter finden)

Lösungen:
1. drei / 2. eins / 3. fünf / 4. sieben / 5. vier / 6. keines / 7. drei / 8. zwei / 9. zwei / 10. acht

Anschlussaufgabe:
Es lassen sich noch zahlreiche weitere Fragen stellen: z.B. Wie viele Vierecke/Dreiecke etc. gibt es, wie viele Rechtecke mit zwei Vokalen, mit zwei gleichen Vokalen etc.?

A 3 Hast du genau hingeschaut?

Dieses Arbeitsblatt dient dazu, das optische Erinnerungsvermögen zu schulen. Die Schüler erhalten 3 Minuten Zeit, sich die Zeichnung einzuprägen.

Lösungen:
1. falsch / 2. richtig / 3. falsch / 4. falsch / 5. richtig/ 6. falsch / 7. richtig / 8. richtig / 9. richtig / 10. falsch

Anschlussaufgabe:
Sie können diese Übung auch im Klassenzimmer weiterentwickeln. Ein Schüler betrachtet, bevor er den Raum verlässt, genau die Situation im Klassenzimmer. Während seiner Abwesenheit wird etwas im Raum verändert. (Schüler setzen sich woanders hin, Tafel wird beschriftet etc.)

A 4 Mit scharfem Blick schnell erfasst

Diese Übung schult nicht nur das Erinnerungsvermögen, sondern auch das genaue Lesen. Die Schüler erhalten 3 Minuten Zeit, sich die Texte einzuprägen.

Kaufe **Hamsterkäfig**
DM 20.–
Ulla, Klasse 5 K.

Gefunden!
Mäppchen mit Baby-Anhänger.

Wer verkauft seine alte
Englisch-Grammatik?
Ulf, 5 b.

PFADFINDER
Hast du nicht Lust mitzumachen?
Macht höllischen Spaß und du lernst
sehr viel. Bitte melden bei Elfi, 6 b.

Posaunenchor
fällt bis Ende März aus.

Ich habe meinen Turnbeutel verloren.
Er ist grün und hat eine Diddl-Maus
als Aufkleber. Inhalt: Turnschuhe.

Klausi,
ich finde dich toll.
Deine XYZ mit dem
Ring im Ohr.

Dringend!
Wer gibt mir Nachhilfe in Französisch?
Bitte melden!!! Karsten, 6 a.

Kannst du singen?
Wir gründen eine **Schul-Band**.
Bitte melden bei Frau Schnulzner.

Anschlussaufgabe:
Die Klasse wird in zwei Gruppen geteilt. Die Schüler schreiben Notizen an die Tafel. Von jeder Gruppe gehen zwei Schüler nach draußen, während die Schüler die Tafelanschrift verändern. Zunächst dürfen die zwei Schüler der einen Gruppe die Veränderungen innerhalb eines bestimmten Zeitraums feststellen. Die Trefferquote wird notiert.
Dann kommen die beiden anderen Schüler an die Reihe. Anschließend wird der Gruppensieger ermittelt.

A 5 So ein Chaos!

Es handelt sich hier um eine Variante einer Aufgabenstellung, bei der Oberbegriffe zu finden sind und die die Fähigkeit zur Strukturbildung fördern soll.

Lösungen:
Bei den Lösungswörtern, für die keine eindeutige Reihenfolge vorgegeben ist, können mehrere Möglichkeiten auftauchen. Vorkommen sollten:
Spielwaren/Spielzeug:
3 Barbie-Puppen, Modelleisenbahn, 7 Teddybären
Küchengeräte:
Eierkocher, Joghurtmaschine, Rührstab
Uhren:
Wanduhr, Wecker, 100 Armbanduhren
Autozubehör:
10 Stoßstangen, 1 Auspuff, 3 Autoreifen
Schuhe/Schuhwerk:
5 einzelne Mokassins unterschiedlicher Größen, 10 Paar Sandalen, 1 Paar Herrenstiefel
Reinigungsmittel:
Teppichreiniger, 5 Packungen Persil
Sportgeräte:
2 Paar Kinder-Ski, 1 Hockeyschläger, 1 Mountainbike
Spirituosen/alkoholhaltige Getränke:
10 volle Bierkästen, 5 Flaschen Cognac, 1 Magnum-Flasche Sekt
Kleidung/Kleidungsstücke:
1 Abendkleid, 1 Lederjacke, 1 Pelzmantel
Unterhaltungselektronik:
1 Radio, 1 Walkman, 1 Kassettenrecorder
Süßwaren/Süßigkeiten:
10 Kartons Nussecken, 5 kg Pralinen, 1 Karton Gummibärchen

Anschlussaufgabe:
Auf den Arbeitsblättern A 22 (Klasse 7/8) und A 43 sowie A 49 (Klasse 9/10) werden weitere Übungen zur Strukturbildung angeboten. In den letztgenannten Klassen kann auch die Kombination dieser vier Arbeitsblätter durchgeführt werden, die sich in ihrer Komplexität steigern.

A 6 Blitzschnell verstanden

Dieses Arbeitsblatt unterstützt die Bildung anschaulicher Adjektive.

Lösungen:
1. federleicht / 2. bienenfleißig / 3. hundemüde / 4. kerzengerade / 5. haushoch / 6. glasklar 7. stockdunkel / 8. grasgrün / 9. pudelwohl / 10. pfeilschnell / 11. sattelfest / 12. baumstark / 13. vogelfrei / 14. knüppeldick / 15. tonnenschwer / 16. todtraurig / 17. steinhart / 18. eiskalt / 19. messerscharf / 20. rabenschwarz

Anschlussaufgabe:
Die Schüler suchen weitere bildhafte Adjektive, zeichnen das Bild an die Tafel und lassen das Wort raten.

A 7 Wörter versenken

Nachdem Generationen von Schülern mit dem heimlich gespielten „Schiffchen versenken“ so manche Unterrichtsstunde überstanden haben, soll dieses Spiel nun in aller Öffentlichkeit die Wortschatzarbeit bereichern.
Nachdem jeder Schüler die Seiten 1 und 2 erhalten hat, werden die Spielregeln gemeinsam gelesen und eventuelle Fragen geklärt. Es ist wichtig, darauf hinzuweisen, dass keine Eigennamen eingetragen werden sollen, weil dies die Wortfindung unnötig erschwert.

Anschlussaufgabe:
Nur Wörter einer bestimmten Wortart (Adjektive) oder aus einem Fachbereich verwenden.

A 8 Gegensatz-Trimino

Zu diesem Suchspiel benötigen die Schüler eine Schere und Klebstoff. Die mit den Wörtern bedruckten Dreiecke auf der unteren Seitenhälfte werden ausgeschnitten und so in die leere Pyramide eingeklebt, dass immer ein gegensätzliches Wortpaar einer Dreieckskante gegenübersteht.

Lösung:

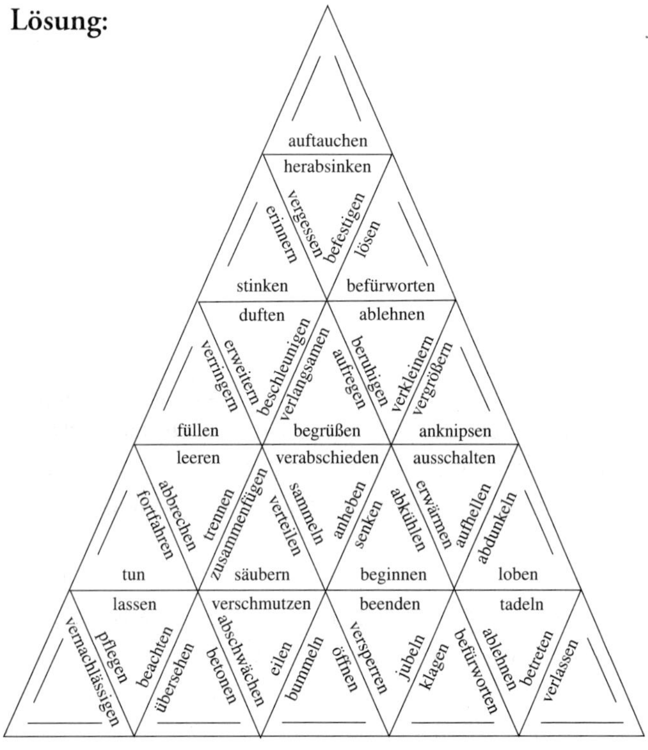

A 9 Eine Zahlen- und Zeichengeschichte

Während einige Wörter sehr schnell zu entschlüsseln sind (z. B. 1am = **eins**am), werden die Schüler etwas knobeln müssen, wenn es darum geht, Wörter herauszufinden, bei denen die eingefügte Zahl die End- und Anfangssilben von zwei Wörtern umfasst (z. B. 7ehmen sich = **Sie ben**ehmen sich ...). Da das Ergebnis ein mündlich vorzulesender Text ist, kommen auch Wörter vor, bei denen die Schreibweise der Zahlenvorgabe sich von der des gemeinten Wortes leicht unterscheidet (z. B. 6isch = **Sächs**isch).

Lösung:

Lieber Karlh**eins** (z)

Gestern ging ich also wieder auf **dem Markt** umher. Ein **Punk** trat plötzlich auf mich zu, blies seine grün gefärbten Haare aus dem Gesicht und sagte: „Kann ich dir h**elf**en ? Bei mir bekommt man alles, was das **Herz** begehrt.“ Ich hatte erhebliche **Zwei**fel, ob er mir meinen geheimsten Wunsch erfüllen könnte. Dennoch sagte ich: „Seit Jahren suche ich ein Kla**vier** zu einem günstigen **Preis**, aber noch nie konnte ich mir **eins** l**eis**ten.“
„ **Komma** (komm mal) mit!“, antwortete der Grünhaarige. Eigentlich fand ich den Kerl ziemlich **drei**st, und das nicht nur, weil er auf meinem großen **Zeh** **n**ämlich die ganze Zeit über stand, sondern nun auch meinen Ellenbogen nahm und mich in ein dunkles **Eck** führte.
Da stand noch so ein **Dollar** (doller)Typ, diesmal mit blauen Haaren und die beiden sprachen in einer mir unbekannten Mundart, es war wohl **Sächs**isch, aufeinander ein, ohne mich zu be**acht**en.
„**Sie ben**ehmen sich aber komisch!“, wollte ich schon anmerken und wieder meiner Wege gehen, als mich plötzlich ein ganzer Schw**arm** von Typen mit lila-, pink- und **tür**kisgefärbten Haaren um**ring**ten. „Sauer**ei**“, dachte ich, „jetzt sitze ich in der Falle!“ Der **klein**ste von ihnen schob mich in einen Klein**last**er und **fuhr** mit mir in ein entferntes **Vier**tel. Dort führte er mich in eine Lagerhalle, wo ein herrliches Kla**vier** **eins**am herumstand. „Vielleicht hast du schon einmal von uns gehört, wir sind die berühmten Schwar**zwölf**e, beste Band in der Gegend, aber nun müssen wir ver-“ jetzt musste er kurz niesen, denn er hatte einen schrecklichen Schnupfen „**fünf**tig werden, arbeiten und unsere Instrumente verkaufen.“
Auf diese Weise kam ich zu einem echt **pfund**igen Kla**vier** und ich denke das **eine und** das andere Mal

schon darüber nach, ob ich nicht noch einmal zum Flohmarkt gehen sollte, denn seit langem fehlt mir schon eine **Jacht**.

Herzliche Grüße von deinem **Oliver**.

A 10 Dein ganz persönliches Alphabet

Bei diesem Arbeitsblatt ist etwas Kreativität erforderlich, denn die Schüler sollen darauf achten, dass ihre „Buchstaben" nicht zu kompliziert sind. Die Beispielwörter wurden so ausgesucht, dass beinahe alle Buchstaben des Alphabets vorkommen. Damit jeder Schüler eine Botschaft zu entschlüsseln hat, sollte man den jeweiligen Banknachbarn als Adressaten nehmen und die Botschaften austauschen.

Anschlussaufgabe:
Wenn die erste Botschaft übermittelt wurde, antwortet der Banknachbar/die Banknachbarin in der „Fremdsprache".

A 11 Magst du gemixte Kekse?

Mit diesem Bingo-Spiel können Sie eine Klasse leicht eine Stunde lang beschäftigen, wenn Sie nach jedem Durchlauf, jedem Team ein anderes Wörterkästchen zuweisen. Dazu kopieren Sie die Lauttabelle einmal auf Folie und die beiden Arbeitsblätter mit den Wörterkärtchen für jeden Schüler oder zumindest für jedes Schülerteam. Es geht um ähnlich oder gleich klingende Konsonanten oder Konsonantenverbindungen, die Schwierigkeiten bei der Rechtschreibung verursachen.

Lösungen:
1. feixen, Klinik, wechseln, Bestätigung, Laub/ Laut/Lauch /Laus, du pumpst, Chor / Tor /vor, Sekte, Clown
2. Roggen/Rochen/Rogen, kraxeln, Lebkuchen, Chance, Gesandter, Matratze, eilends, Totenkopf, Alphabet
3. entschuldigen, links, Scharnier, taub/(es)taut, Subjekt, Akkord, Theke, extra, Charme
4. Nacken, endlos, Republik, Skepsis, quetschen, Paddel/Pappel, Essig, flicken/flitzen, scheintot
5. Tatze/Tasse, neuerdings, flackern, elendlich, Woge, Taktik, Sumpf, Masse/Macke/Matte/ Maße/Mathe, lechzen
6. Klub, Flagge/Flasche, Schuld, Objekt, Sarg, du weißt, Schaft/Schacht, Mathematik, Bus/Buch
7. Werktag, Klempner, Adresse, Pflicht, Lotse/ Locke/Loge, Talg, Empfang, Vampir, neugierig
8. obdachlos, Neid, schimpfen, Phrase, Fluch, Egge/Ecke/Ebbe, Akkusativ, gewandt, Advent
9. Klaps, Zecke/Zeche, Axt/Ast/Abt, Curry, quatschen, Fratze, Achsel, Soße, du klebst,
10. tödlich, Mokka, verwandt, Strophe, Jacht, Heizung, Bagger, Klecks, Lasso
11. Zwerg, sacht/sagt, Luxus, Charakter, Hexe, Virus, schmuggeln/schmuddeln, unterwegs, Pforte/Torte/ Borte
12. Werg/Werk/Wert, Zwerchfell, zeitlich, Etage, Luchs, Quote, kahl/Pfahl/Stahl, du schraubst, Vanille
13. Konfirmand, Schmuck/Schmutz, Schatulle, brav/ brach, Schutz, stets, Baracke, Pfanne/ Tanne/ Panne/Kanne, Apotheke
14. Assistent, unentgeltlich, Blamage, Schürze, Sekt, Bazillen, du hupst, Proviant, neblig
15. Erbse, entbehrlich, Komplex, Sakko, Bad/Pfad/ fad, Rätsel, Keks, Anorak, Ruß/Ruck,
16. endgültig, Thema, Fuchs, Wrack, Optimist, schlaksig, clever, Sand/Pfand/Tand/Band/Stand, Asphalt

Anschlussaufgabe:
1. Nachdem das Spiel gespielt wurde, können die Arbeitsblätter mit den auszufüllenden Lückenwörtern als Hausaufgabe gegeben werden.
2. Nur die Folie mit den Lauten auflegen und zu jedem Laut 5 Wortbeispiele finden lassen.

A 12 Ein tommerlicher Flups

Alle Substantive, Verben und Adjektive dieses Textes wurden durch Fantasiewörter ersetzt, die jedoch wie „wirkliche" Wörter flektiert wurden. Daher lässt sich ein Sinn ausmachen, für den es jedoch keine eindeutige Lösung gibt. Es kommt jedoch in erster Linie darauf an, dass die Schüler die Wortarten richtig zuordnen.

Lösungen:
Verben: schwurzen (kriechen), schon (schien), verblubbern (verschlafen), lönzen (schauen), triggern (gehen), einklibbern (einfallen), uppen (öffnen), brammeln (fahren, rauschen), tuckern (zwitschern), schluffen (schlafen), beschlorz (beschloss), keuken (kochen)
Substantive: Störbs (Bett), Trälla (Sonne), Flimmer (Himmel), Zümmi (Zimmer), Ticker (Wecker), Ühr (Uhr), Klabse (Schule), Feierflups (Feiertag, Sonntag), Guckloch (Fenster), Teerte (Straße), Wams (Haus), Schnarzer (Auto), Flederlein (Vögel), Pap-

mams (Eltern), Kaffer (Kaffee), Flups (Tag)
Adjektive: mödrig (müde), schrüll (hell), menniglich (freundlich), quickrig (schnell), zillich (zehn), glickerlich (glücklich), lücht (leer), schniefrig (leise), staad (still), rüch (ruhig), tommerlich (herrlich)

Gleich geblieben sind *Pronomina:* (ich, mein, mir, es, unserem, sich); *Präpositionen:* (aus, am, in, auf, neben, vor, vorbei); *Artikel:* (die, den, dem, das, ein); *Adverbien:* (bereits, heute, nur, noch, hinaus); *Konjunktionen:* (und, da, dass, denn); *Hilfsverben:* (hatte, musste, war, würde, werden).

Anschlussaufgabe:
Die Schüler tragen ihre Fortsetzungen vor und lassen sie „übersetzen".

A 13 Das Mandala der Zeiten

Da das Ausmalen von Abbildungen in Schulbüchern oder auf Arbeitsblättern zu den Lieblingsbeschäftigungen von Schülern neben dem Unterricht gehört, kann man diese Vorliebe für sinnvolle Lernziele einsetzen.
In diesem Fall werden die Formen von einigen starken Verben, bei denen der Präteritumsstamm nicht allzu häufig vorkommt, verwendet.

Lösungen:
Auf dem Mandala gehören folgende Felder zusammen:
Grundformen (Infinitiv): schleichen, biegen, waschen, fliegen, fließen, gelten, genießen, leiden, geschehen, pfeifen, schaffen, verderben
Präsens: ich schleiche, du biegst, er wäscht, sie fliegt, es fließt, wir gelten, ihr genießt, wir leiden, er schafft, sie pfeift
Imperfekt/Präteritum: schlich, bog, wusch, flog, floss, galt
Perfekt: wir sind geschlichen, du hast gewaschen, er ist geflogen, es hat gegolten, es ist geschehen, wir haben geschaffen
Plusquamperfekt: du hattest gebogen, es war geflossen, wir hatten genossen, ich hatte gelitten, sie hatten gepfiffen, es war verdorben
Futur I: wir werden schleichen, sie werden waschen, es wird gelten, du wirst leiden
Futur II: wir werden geflogen sein, du wirst genossen haben, es wird gegolten haben, du wirst gelitten haben

Anschlussaufgabe:
Das Mandala nochmals kopieren und die Formen eines Verbs in einer Farbe ausmalen lassen.

A 14 Merkwürdige Post

Bei diesem Text muss etwas geknobelt werden, weil sich einige Wörter nur aus dem Gesamtzusammenhang eines Satzes ergeben. Es kann also durchaus sein, dass die Schüler andere Varianten finden. Da es jedoch auf die richtige Schreibung der Anfangsbuchstaben ankommt, ist dies jedoch nicht störend.

Lösung:

Liebe Gabi,

zu deinem Geburtstag wünsche ich dir von ganzem Herzen alles Gute. Gerate bei diesem Brief nicht ins Wundern, weil du ihn nur mit Mühe lesen kannst, denn erst wenn du diese Zeilen entziffert hast, kannst du mein Geschenk erhalten. Mir ist nämlich dieses Mal etwas Besonderes eingefallen und ich hoffe, du hast Spaß daran. Also: Nimm dir für den kommenden Sonntag nichts vor. Ich hole dich nachmittags von zu Hause ab und lade dich erst einmal auf ein leckeres Eis ein. Wenn wir uns den Bauch so richtig voll geschlagen haben, werde ich dich zum Festplatz entführen. Du weißt, dass dort zur Zeit der chinesische Zirkus gastiert, und wir werden uns eine Vorstellung anschauen. Anschließend lade ich dich zum Essen ein, und du kannst dir aussuchen, ob du einen echten Hamburger oder eine italienische Pizza möchtest. Am Abend fahre ich dich wieder heim.
Ich freue mich auf unseren gemeinsamen Nachmittag und hoffe, dass wir viel Spaß zusammen haben werden.

DeineTante Elisabeth/Elsbeth

Anschlussaufgabe:
Die Schüler schreiben als Antwortschreiben einen ähnlich „entkernten" Text.

A 15 Wundersame Naturgeschöpfe

Die hier aufgeführten Fantasietiere geben Anlass, die Regeln der Silbentrennung zu thematisieren. Dieses Blatt eignet sich gut, die Schüler das Nachschlagen in einem Wörterbuch üben zu lassen, da sicher einige der Worte (Schafott, Tornister) vielen Schülern nicht geläufig sein dürften.

Lösung:
Bar-schaf-ten, Bä-cke-rei, Blu-men-topf-er-de, Ei-dot-ter, Kla-mot-te, Kur-saal, Kar-ten-ge-ber, lus-ti-ger, Matt-schei-be, Pansch-wei-ne, Pracht-saal, Pro-mi-nen-ten, Haus-tier, Ni-ko-laus, Schmutz-e-cke, Schla-mas-sel, Senf-tun-ke, Ta-len-te, Tor-nis-ter, ver-stau-ben, Ur-in-stinkt, Scha-fott, Fahr-rad-ler, Ar-thro-se, Arm-stul-pen, Wald-eu-le, Was-ser-lei-che, Win-se-lei, Pracht-saal

Anschlussaufgabe:
Weitere „Naturgeschöpfe" finden

A 16 Fabeltiere gesucht

Da die Schüler und Schülerinnen im Allgemeinen wissen, dass den Fabeltieren bestimmte Merkmale des menschlichen Verhaltens zugeordnet werden können, dass also List und Klugheit im Fuchs symbolisiert wird oder Unterlegenheit im Lamm, sollte man sie zunächst eigene Tiere finden lassen, die in das beschriebene Handlungsmuster passen. Die Texte werden mit den korrekt deklinierten Tierbezeichnungen vorgelesen und die Vorschläge diskutiert. Nun wird das abgeknickte Arbeitsblatt umgedreht, die in den Originaltexten vorkommenden Tierbezeichnungen entschlüsselt und zugeordnet. Beim Vorlesen der Lösungsvorschläge müssen die Schüler auf die richtige Deklination achten. Wenn die Texte richtig ergänzt wurden, wird nun noch die passende „Moral" ermittelt.

Anschlussaufgabe:
Die drei Texte mit den richtigen Tieren und der richtigen Deklination aufschreiben lassen. Dabei sollen altertümliche Formulierungen (wehret, arbeitet etc.) in das heutige Deutsch übertragen werden.

Lösung:

♣ Hund	◆ Löwe	♠ Hirsch	❤ Frosch
❍ Fuchs	▲ Maus	● Esel	➧ Raubvogel

Zuordnung von Fabel und Lehre: 1c, 2a, 3b

A 17 Blind date

Mit Hilfe dieses Arbeitsblatts kann die Wegbeschreibung geübt werden. Da es auch darum geht, bestimmte Symbole oder Straßenzeichen richtig zu interpretieren, wird auch eine Einübung in den Gebrauch eines Stadtplans mit der Aufgabenstellung verbunden. Bei der 1. Aufgabenstellung ist es wichtig, dass die Schüler den Weg nur leicht mit dem Bleistift „verfolgen", da der leere Stadtplan für die 2. Aufgabenstellung benötigt wird.

Lösung:
Die Geburtstagseinladung findet in der Eisdiele statt.

Anschlussübung:
Fragestellungen wie z. B. „Wie kommt man am schnellsten vom Museum zum Schwimmbad?" etc.

A 18 Kaum zu glauben!

Für jeden Schüler wird das Arbeitsblatt kopiert, so dass einem Partnerteam 2 Blätter zur Verfügung stehen.
Dieses Aufgabe dient als Schreibanregung, wobei eine Erlebniserzählung oder auch eine Zeitungsmeldung formuliert werden kann. Während bei einer Reizwortgeschichte die Stichwörter vom Lehrer vorgegeben werden, werden sie hier durch ein Zufallsprinzip ermittelt.
Die fertigen Texte werden vom Teampartner „begutachtet". Wer einen guten Text verfasst hat, trägt diesen der Klasse vor. Die Schüler stimmen ab, wer in der Klasse den besten Text geschrieben hat und begründen ihre Wahl.

Variante: Das Raster mit den 30 Stichwörtern wird ausgeschnitten, oben auf ein Papier geklebt und für jeden Schüler kopiert. Die Klasse wird in 3 oder 4 gleich große Gruppen geteilt. Jeder Schüler einer Gruppe beginnt mit einem Stichwort einen Text, streicht das Stichwort auf der Tabelle durch und reicht das Blatt an den nächsten Gruppenpartner weiter. Dieser hat die Aufgabe, eine sinnvolle Fortsetzung des Anfangssatzes zu formulieren; gelingt ihm dies mit einem der vorgegebenen Stichwörter (es können auch mehrere sein), wird dieses wiederum durchgestrichen und das Blatt weitergereicht. Man kann jedoch auch den Fortsetzungstext ohne eines der Stichwörter bilden. Ziel ist, eine sinnvolle Handlung zu entwickeln. Der Text, der die meisten Stichwörter sinnvoll verknüpft hat, wird vorgelesen.

Da alle Schüler mit dem Schreiben beschäftigt sind, kommt es zu keinen Wartezeiten.

A 19 Eine überaus traurige Geschichte

Der Lückentext beruht auf einer leicht veränderten Fassung des Grimmschen Märchens „Der alte Großvater und sein Enkel“ Damit die Schüler Gestaltungsfreiraum haben, wurden nicht nur beinahe alle Nomen entfernt, sondern auch manche Verben; darüber hinaus wurde die Wahl der Artikel und mancher Adverbien freigestellt.
Da das Märchen vermutlich nicht allen Schülern bekannt ist, sollen sie den Text nach eigenen Vorstellungen auffüllen; denkbar wäre die Geschichte eines Obdachlosen, eines Hundes, eines verlassenen Kindes etc.
Höchstens drei Wörter des vorgedruckten Textes dürfen verändert bzw. ausgetauscht werden, um eine stimmige Geschichte zu produzieren.
Die Geschichten werden vorgelesen, die beste wird ermittelt; anschließend wird der Originalinhalt vorgelesen.

Anschlussaufgabe:
Diskussion über den Aussagegehalt des Märchens. Kann man diese auf die heutige Zeit übertragen? Gibt es eine Lehre bzw. eine Warnung? Welcher der Schülertexte hat eine vergleichbare Aussage?

Veränderter Originaltext:

Der alte Großvater und sein Enkel

Es war einmal ein steinalter Mann, dem waren die Augen schlecht geworden und die Knie zitterten. Wenn er nun essen wollte und den Löffel kaum halten konnte, schüttete er Suppe auf das Tischtuch. Sein Sohn und dessen Frau ekelten sich davor, und deswegen musste sich der alte Großvater hinter den Ofen in die Ecke setzen. Man gab ihm sein Essen in ein irdenes Schüsselchen. Da sah er betrübt zum Esstisch hin und er fühlte sich elend. Einmal auch konnten seine zittrigen Hände das Schüsselchen nicht halten und es zerbrach. Die junge Frau schalt, der alte Mann sagte aber nichts und seufzte nur. Da kaufte man ihm einen Holznapf für ein paar Pfennige und daraus musste er nun essen. Eines Tages trägt der kleine Enkel von vier Jahren auf dem Boden kleine Brettlein zusammen. „Was machst du da?“ fragte der Vater. „Ich mache einen Napf“, antwortete das Kind. „Daraus sollen Vater und Mutter essen, wenn sie alt sind.“ Da sahen sich die Eltern an, fingen endlich an zu weinen, holten sofort den alten Großvater und ließen von nun an ihn immer mitessen.
Und niemand schimpfte und schalt mehr, wenn er etwas verschüttete.

7./8. Klasse

A 20 Stundenplan-Knobelei

Hier kommt es auf logisches Denken an.

Montag	Dienstag	Mittwoch	Donnerstag	Freitag
Mathe **Herr Mehlmann**	**Mathe** Herr Mehlmann	Französisch **Frau Stellwag**	**Sport** Herr Mehlmann	Biologie **Herr Holzkamp**
Deutsch **Frau Stellwag**	**Deutsch** Frau Stellwag	**Französisch** Frau Stellwag	**Sport** Herr Mehlmann	Englisch **Frau Mehlmann**
Deutsch Frau Stellwag	Englisch **Frau Mehlmann**	Kunst **Frau Kampe**	Deutsch **Frau Stellwag**	Physik **Herr Holzkamp**
Sozialkunde **Frau Kleinlein**	Photokurs **Herr Kampe**	**Kunst** Frau Kampe	Englisch **Frau Mehlmann**	Französisch **Frau Stellwag**
Physik **Herr Holzkamp**	Photokurs **Herr Kampe**	**Mathe** **Herr Mehlmann**	Englisch **Frau Mehlmann**	**Französisch** Frau Stellwag
Erdkunde **Frau Kleinlein**		**Mathe** **Herr Mehlmann**	**Deutsch** Frau Stellwag	

A 21 Was Hänschen nicht lernt...

Diese Aufgabe kann als Wettspiel durchgeführt werden. Wenn man nach den Schlüsselwörtern Ausschau hält, hat man die Lösung schnell gefunden.

Lösungen:
1. (Was Hänschen nicht lernt), lernt Hans nimmermehr.
2. Viele Köche verderben den Brei.
3. Reden ist Silber, Schweigen ist Gold.
4. Wer anderen eine Grube gräbt, fällt selbst hinein.
5. Wer den Pfennig nicht ehrt, ist des Talers nicht wert.
6. Ohne Fleiß keinen Preis.

Anschlussaufgabe:
Die Schüler entwerfen selbst Sprichwort-Puzzles, die sie den Banknachbarn zum Lösen geben.

A 22 Ordnung muss sein!

Bei dieser Strukturbildung muss zwischen Ober- und Unterbegriffen unterschieden werden.

Lösungen: Bei den Antworten zu Frage 2 (Vorschläge in Klammern) werden nicht in allen Fällen vier Wörter gefunden werden können.

Oberbegriff: *Handlungen/Tätigkeiten ausgeführt mit*
Mund: schlürfen, schmatzen, schreien, spucken, (stottern, sprechen, lachen, pfeifen ...)
Augen: schauen, spähen, schielen, stieren (starren, beobachten, sehen, zwinkern ...)
Nase: schnaufen, schniefen, schnuppern, schnüffeln (riechen ...)
Ohren: lauschen, aufschnappen, horchen, verstehen (hören, die Ohren spitzen ...)
Beinen: schreiten, staksen, schlurfen, stolpern (rennen, laufen, gehen, stehen ...)
Händen: schmettern, schreiben, schmeißen, schaben (zeichnen, malen, tippen, streicheln ...)

A 23 Was ist das Leben?

Mit Hilfe dieser beiden Arbeitsblätter werden einige einfache Lerntechniken geübt: Wesentliche Inhalte im Text markieren, eine Stichwortliste anfertigen, sich Informationen einprägen und anschließend mit Hilfe von Visualisierungen im Zusammenhang wiedergeben. Hier kann auch das lebendige Nacherzählen trainiert werden. Bei der letzten Aufgabe kann das gesamte Blatt aufgeklappt werden.

Lösung:
Buchfink, Rose, Schmetterling, Ameise, Biene, Maulwurf, Elster, Regen, Woge, Weide, Adler, Mann, Uhu, Morgenröte

Anschlussaufgabe:
Ein Schüler/eine Schülerin erzählt mit Hilfe der Visualisierungen den gesamten Text der Klasse nach.

A 24 Wochentage zum Wahnsinnigwerden

Achten Sie darauf, dass die Schüler das Blatt nach den ersten 10 Fragen umknicken, denn wer die Reihe der Wochentage vor sich sieht, kann die Fragen durch Abzählen leicht beantworten.
Der zweite Teil des Arbeitsbogens mit den Fragen 11 bis 15 ist allerdings sehr schwer und vermutlich wirklich zum Wahnsinnigwerden. Vielleicht kommen die Schüler selbst darauf, dass die Aufgabenstellung dann leichter wird, wenn man die Angaben „vor/nach" sowie „gestern/morgen und vorgestern/übermorgen" einfach in ihr Gegenteil verkehrt, um zur richtigen Lösung zu gelangen.

Lösungen:
1. Do, 2. Sa, 3. Mi, 4. So, 5. Do, 6. Do, 7. Do, 8. Fr, 9. So, 10. Mi, 11. Fr, 12. Mi, 13. Fr, 14. Sa, 15. Do

Anschlussaufgabe:
Die Schüler entwickeln Einladungen zu einer Geburtstagsparty, Klassenfete etc. mit Hilfe von verschlüsselten Wochentagsangaben.

A 25 Wort-Schlangenfüßler

Der Wortschatzbereich „Tierwelt", der auf diesem Arbeitsblatt vorgegeben ist, kann natürlich geändert werden, z. B. „Geografie", „Haushalt" oder „Schule".

Anschlussaufgabe:
Die Schüler zeichnen ähnliche Wort-Schlangenfüßler und füllen diese nach eigenen Wortschatzbereichen aus.

A 26 Rösselsprünge und andere Fortbewegungsarten

Bei diesem Arbeitsblatt können die Schüler erkennen, welche Fülle von Bewegungsverben es in der deutschen Sprache gibt, und diese in ihren erzählenden Texten anwenden.

Lösungen:
A2, B4, C6: trippeln, stöckeln, tänzeln (gekünsteltes, kleinschrittiges Gehen)
A3, C4, A5: schweben, flattern, gleiten (sich in der Luft fortbewegen)
A4, B6, B2: schreiten, wandeln, stolzieren (würdevolles Gehen)
A6, C5, B8: stapfen, stampfen, stiefeln (plumpes Gehen)
A7, C8, D6: kraulen, schwimmen, driften (sich im Wasser fortbewegen)
A8, C7, E6: fallen, straucheln, stürzen (zu Boden gehen)
B1, D2, E4: hetzen, eilen, jagen (schnelles Gehen oder Laufen)
B2, C4, D1: quetschen, zwängen, drängen (sich durch Widerstände hindurch fortbewegen)
B7, D8, F7: drehen, rotieren, kreisen (sich im Kreis bewegen, um die eigene Achse bewegen)
C1, D3, F2: bummeln, schlendern, trödeln (langsames Gehen)
C2, E1, G2: stolpern, humpeln, hinken (sich mit einer Behinderung fortbewegen)
D5, E3, F1: torkeln, wanken, schwanken (sich unsicher fortbewegen)
D7, F8, G6: zurückweichen, abrücken, zurückschrecken (sich von etwas wegbewegen)
E5, F3, G1: erklimmen, steigen, klettern (sich nach oben bewegen)
E7, G8, H6: bremsen, stoppen, anhalten (eine Bewegung beenden)
E2, F4, H5: robben, krabbeln, kriechen (sich dicht am Boden fortbewegen)
E8, G7: hüpfen, springen (sich sprunghaft fortbewegen)
F5, G3, H1: entkommen, fliehen, flüchten (sich von einer Bedrohung oder Gefangenschaft wegbegeben)
F6, G4, H2: flanieren, promenieren, spazieren (sich gemächlich und genussvoll fortbewegen)
G5, H3, H7: schubsen, drängeln, stoßen (sich gegen Widerstände vorwärts bewegen).

Anschlussaufgabe:
Die Schüler benennen das gemeinsame kennzeichnende Merkmal (wie in der Lösung angegeben).

A 27 Wortfamilien Tic-Tac-Toe

Damit die Schüler das Spielprinzip schneller verstehen, können Sie zunächst eine „Trockenübung" durchführen: Vier sich kreuzende Geraden ergeben ein Spielfeld von 9 Kästchen. Jeder der beiden Spielpartner markiert nun abwechselnd mit seinem/ihren Zeichen, z. B. Kreuz oder Kreis, ein Kästchen und versucht eine senkrechte, waagerechte oder diagonale Dreier-Reihe zu bilden oder beim Spielpartner zu verhindern.
Bei größeren Spielfeldern ergeben sich natürlich wesentlich mehr Möglichkeiten von Dreier-Reihen. Auf dem Arbeitsblatt können also große Wortfamilien zusammengestellt werden.

A 28 Wortraster verkehrt

Buchstabenraster, in denen versteckte Wörter gesucht werden müssen, sind den Schülern aus vielen Fächern bekannt. Bei diesem Spiel entsteht ein solches Raster nun aufgrund des Zusammenspiels der beiden Partner.

Anschlussaufgabe:
Schüler zeichnen eigene Wortraster und füllen diese mit Wörtern zu einem bestimmten Sachgebiet.

A 29 Fremdwörter-Silbenrätsel

Mit der Lösung dieses Silbenrätsels kann die Einführung in die Benutzung eines Fremdwörter-Nachschlagewerks verknüpft werden.

Lösungen:
1. Ironie, 2. Sympathie, 3. Optimismus,
4. Thermometer, 5. Qualität, 6. Interesse,
7. Individuum, 8. Atmosphäre, 9. Charakter,
10. Psychologie, 11. Aggression, 12. Kalkulation,
13. Quantität, 14. Rhythmus, 15. Pessimismus,
16. Kompromiss.
Vorwurf für den Fremdwort-Benutzer: Arroganter Schnösel

Anschlussaufgabe:
Zu den einzelnen Begriffen die Wortfamilien suchen lassen.

Lösung zu A 30 Grammatik-Domino

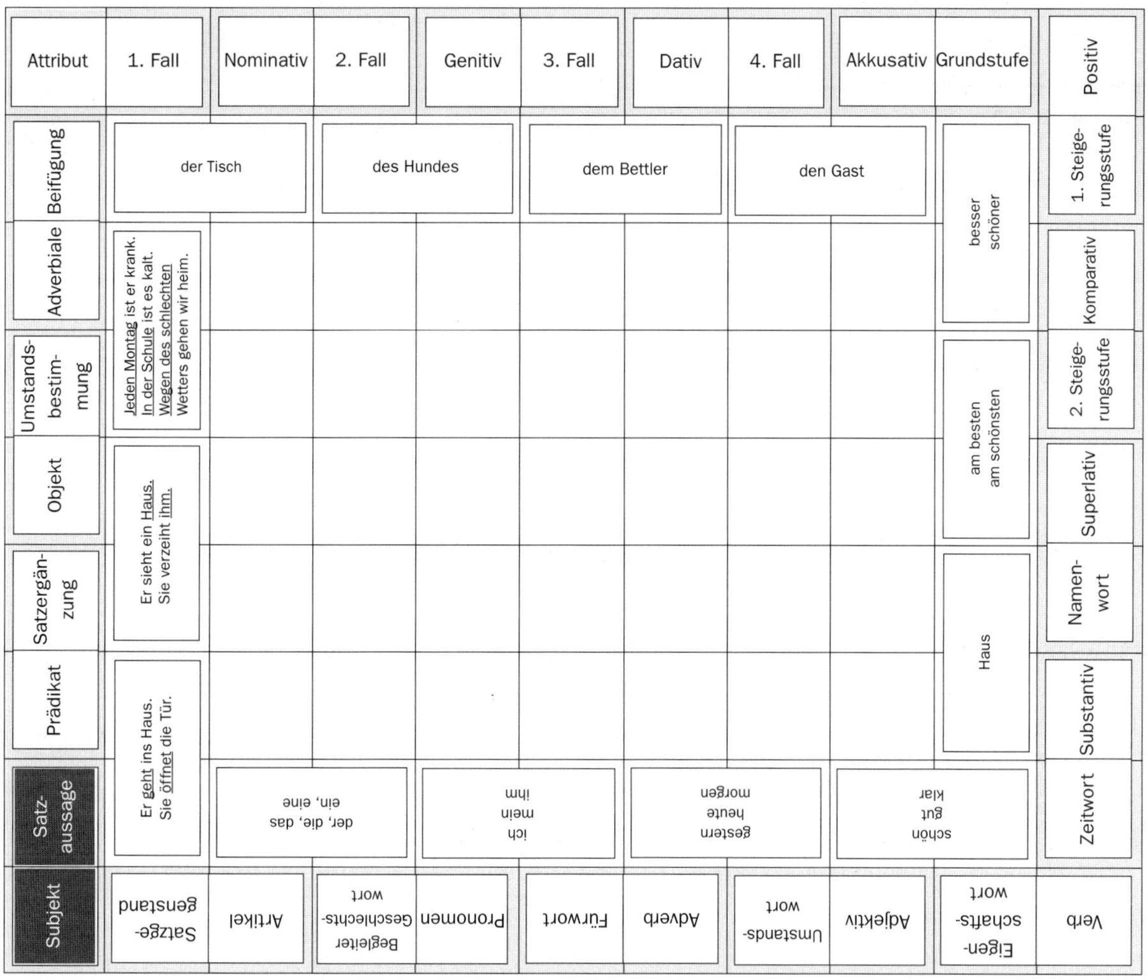

A 30 Grammatik-Domino

Nicht immer ist die Kenntnis der grammatischen Fachbegriffe gesichert. Dieses Domino kann dazu beitragen, dass die Schüler die deutschen Bezeichnungen den lateinischen zuordnen und diese auch mit den richtigen Beispielen verknüpfen können.
Die ausgeschnittenen Kärtchen können, wenn sie auf Papier kopiert wurden, geklebt werden, wenn sie auf Karton kopiert wurden, gelegt werden. Falls die Schnippelarbeit zu aufwändig ist, wäre es auch möglich, den Arbeitsbogen als Einzelarbeit durchzuführen und die einzelnen Begriffe handschriftlich eintragen zu lassen.

Anschlussaufgabe:
Beispiele für die vier fehlenden Kärtchen des inneren Rechtecks formulieren lassen; die Beispielkärtchen des inneren Rechtecks umdrehen und durch eigene Beispiele ersetzen lassen.

A 31 Ein merkwürdiges Unglück

Bei diesem Arbeitsblatt ergibt sich bei richtiger Zuordnung der Satzteile ein zusammenhängender Text.

Lösungen:
(1) Eines Tages (2) geschah (3) ein merkwürdiges Unglück (4) in unserem Land.
(1) Sämtliche Radios und Fernseher (2) verstummten (3) wegen kosmischer Störungen (4) mit einem Schlag.
(1) Ununterbrochen (2) wirbelte (3) auf allen Bildschirmen (4) rosaroter Schnee.
(1) Die Menschen (2) drückten (3) verwirrt (4) die Tasten ihrer Geräte.
(1) Wegen Überlastung (2) versagte (3) das Telefonnetz (4) seinen Dienst.
(1) Die Wohnzimmer (2) erfüllte (3) zunächst (4) ein großes Schweigen.
(1) Dann (2) erzählten (3) die Kinder (4) von der Schule und den Träumen in der Nacht.
(1) Und mit leuchtenden Augen (2) gedachten (3) die Erwachsenen (4) ihrer jungen Jahre.
(1) Man (2) schenkte (3) einander (4) das Sprechen und das Hören.
(1) Schwatzend und lachend (2) spielten (3) Alt und Jung (3) die alten Spiele.
(1) Und wegen der großen Ruhe in der Welt (2) verbrachten (3) die Menschen (4) eine friedliche Nacht.

Anschlussaufgabe:
Die Aussage des Textes diskutieren; Fernsehgewohnheiten in der Familie erfragen. Weiterführung der Geschichte: „Wie geht es am nächsten Morgen/an den nächsten Tagen weiter?“ mit Bestimmung der Satzteile.

A 32 Wörterversteck

Die Klasse kann in Teams aufgeteilt werden, die gegeneinander in Wettstreit treten.

Lösungen:
1. Kassette, 2. Methoden, 3. Adressen,
4. Mathematiker, 5. Tafelkreiden, 6. Schuldirektor,
7. Kartenständer, 8. Bibliothek, 9. interessant,
10. diszipliniert, 11. Fabrikgebäude, 12. Schiff(f)ahrt,
13. Fitness(s)tudio, 14. Ballett(t)änzerin, 15. Stress(s)ituaion, 16. Fernsehprogram(m),
17. Tischten(n)isbälle,

Anschlussaufgabe:
Die Wörter 12, 13, 14 sowie 15 enthalten Regelungen der Rechtschreibreform, die man bei dieser Gelegenheit ansprechen kann; neuartig geschriebene Wörter können als Vorgabe für die letzte Aufgabe gegeben werden.

A 33 Ohne Punkt und Komma

Die Regeln der korrekten Zeichensetzung werden von Schülern oft als unnötige Belästigung empfunden. An diesen Beispielen lässt sich demonstrieren, dass Satzzeichen sehr wohl die Bedeutung einer Aussage mitbestimmen können.

Lösungen:
Annabella, meine Schwester, und ich fahren zusammen in die Ferien, denn wir zwei verstehen uns gut.

„Donnernd und brüllend!“, flüsterte der Regisseur der Schauspielerin die Rollenanweisung zu.

Sie versprach mit treuem Augenaufschlag, ihrem Onkel einen Brief zu schreiben, doch da war dieser schon seit Monaten verstorben.

Klaus, mein bester Freund und ich spielten Karten, denn nur zu dritt macht es wirklich Spaß.

Es schrieb ein Mann an eine Wand: Zehn Finger hab ich, an jeder Hand fünf und zwanzig an Händen und Füßen.

Gib mir dein Versprechen! Nicht ausplaudern sollst du unser süßes Geheimnis! So schnell wie möglich wirst du mich wiedersehen. Mit wütendem Geheul und brüllender Eifersucht wird unser Feind vergeblich uns suchen.

Freut euch! Nicht unser Boot ist gesunken. Vater lebt. Nicht mehr länger sollt ihr trauern. Mit Freuden feiern wir bald das Wiedersehen.

„Was, bist du dumm?“ „Was bist du, dumm?“ „Was bist du dumm!“

A 34 Satzpuzzle

Bei dieser Aufgabenstellung sind vermutlich mehrere Lösungen möglich. Es gelingt aber nur dann, einen einzigen Satz zu bilden, wenn die Schüler die unterschiedlichen Möglichkeiten der Attributbildung und bei dem zweiten Satz der Flektion umsetzen.

Lösungen:
Am späten Abend steht ein dunkel gekleideter Wanderer erschöpft vor der geschlossenen Tür eines einsamen Hauses mitten im dichten Wald und bittet um Unterkunft.
Zu früher Stunde wandelt/wandelte die gut ausgeschlafene Schlossherrin heiter durch den herrlichen Park ihres weitläufigen Anwesens in einem südlichen Land oder reitet/ritt übers Feld.

Anschlussaufgabe:
Das Zwischenstück zu diesen beiden Sätzen erfinden.

A 35 Ein unheimliches Erlebnis in einer Winternacht

Es ist nicht immer leicht, Schülern einen Zugang zu Gedichten zu ermöglichen. Oft steht eine gewisse Abwehr gegen das „vollendete Kunstwerk“ im Raum. Diese „Front“ kann aufgebrochen werden, wenn man das Gedicht im unvollendeten oder verändertem Zustand präsentiert und die Schüler nachvollziehen lässt, wie der Lyriker Inhalt, Aussage und Form in eine Einheit zu bringen versucht.
Erst dann ergeben sich Erkenntnisse über Reimschema, Stropheninhalt und der damit verbundenen Aussageabsicht.
Mit Hilfe der kurzen Inhaltsangabe fällt es den Schülern leichter, die einzelnen Handlungsabschnitte des Gedichtes zu unterscheiden. Wenn sie nun die passenden Reimpaare zusammenstellen und sie den Handlungsabschnitten zuordnen, lässt sich die ursprüngliche Fassung rekonstruieren. Aber sicherlich gibt es auch alternative Möglichkeiten, die Anlass zu Gesprächen geben können. Wenn z. B. in der ersten Strophe der 1. und der 2. Vers sowie der 3. und der 4. vertauscht werden, entsteht ein sinnvoller Zusammenhang; allerdings ändert sich die Blickrichtung, denn in der Originalfassung „schwenkt“ der Blick jeweils vom weiten Horizont (Welt, Sternenzelt) zur konkreten Realität (Schnee, See), während bei der hier erwähnten Zusammenstellung die unmittelbare Realität zuerst erwähnt wird. Bevor also die Originalfassung von Kellers Gedicht bekannt gegeben wird, sollte ein Gespräch über den unterschiedlichen Aussagegehalt der Rekonstruktionen Aufschluss darüber geben, welche Absichten sich mit den diversen Möglichkeiten der Anordnung verbinden könnten.

Lösung:

Winternacht (1851)

Nicht ein Flügelschlag ging durch die Welt,
Still und blendend lag der weiße Schnee.
Nicht ein Wölklein hing am Sternenzelt,
Keine Welle schlug im starren See.

Aus der Tiefe stieg der Seebaum auf,
Bis sein Wipfel in dem Eis gefror;
An den Ästen klomm die Nix herauf,
Schaute durch das grüne Eis empor.

Auf dem dünnen Glase stand ich da,
Das die schwarze Tiefe von mir schied;
Dicht ich unter meinen Füßen sah
Ihre weiße Schönheit Glied um Glied.

Mit ersticktem Jammer tastet sie
An der harten Decke her und hin
Ich vergess das dunkle Antlitz nie,
Immer, immer liegt es mir im Sinn!

Gottfried Keller

aus: Deutsche Dichtung in Epochen, Hrsg. Walter Kißling, Stuttgart 1993

Anschlussaufgabe:
Schließt die Augen und stellt euch die Situation vor. Welche Farben seht ihr, was ist dunkel, was ist hell? Welche Bewegungen finden statt; was ist ruhig, was ist bewegt? Welche Gefühle werden erwähnt? Warum ist die Nixe unglücklich? Sie gehört doch in die Wasserwelt? Oder etwa nicht? In einem Ge-

dichtband soll eine Zeichnung zu diesem Gedicht erscheinen. Wie könnte sie aussehen? Versucht die Situation zu malen oder zu zeichnen.

A 36 Umgangssprache, aber nicht tabu

Bei diesem Spiel geht es darum, umgangssprachliche Begriffe zu erraten. Dies wird der Klasse vor Spielbeginn bekannt gegeben. Dabei werden die Regeln des Tabu-Spiels angewendet, das vielen Schülern bekannt sein dürfte. Ziel des Spiels ist es, den fett gedruckten Begriff mit Hilfe von Definitionen, Beschreibungen, Erläuterungen, Gestik oder Mimik erraten zu lassen, ohne dass die vorgegebenen 4 weiteren Wörter verwendet werden.

Anschlussaufgabe:
Die Klasse wird in zwei Gruppen geteilt; jeder Schüler erhält eines der Kärtchen. Auf die leere Rückseite schreiben die Schüler der Gruppe A mit rotem Stift einen weiteren Begriff der Umgangssprache und die dazu gehörenden 4 „verbotenen“ Wörter. Gruppe B schreibt diese mit einem blauen Stift. Jede Gruppe entsendet einen Vertreter nach vorne. Der Vertreter von Gruppe A befragt nun nur aufgrund der „blauen“ Kärtchen seine Gruppe, Gruppenvertreter B befragt die eigene Gruppe aufgrund der roten Kärtchen. Es gelten die gleichen Spielregeln.

A 37 Das wohlfeile Mittagessen

Diese (hier gekürzte und bearbeitete) Kalendergeschichte von Johann Peter Hebel enthält in ihrer Einleitung und in ihrem Schluss Hinweise auf den möglichen Handlungsverlauf bzw. auf die Dialogbestandteile der beiden Handlungsträger. Die vorgegebenen „Falschaussagen“ können jedoch auch eine sinnvolle Geschichte ergeben, wenn die letzte Aussage des Gastes passend formuliert wird.

Lösung:
Zu dem Originaltext gehören die folgenden Bestandteile der wörtlichen Rede: cbca
Der Schlusssatz lautet „Bei eurem Nachbarn, dem Herrn Bärenwirt, bin ich schon gewesen, und eben der hat mich zu euch geschickt und kein anderer.“

Anschlussaufgabe:
Wenn die richtige Lösung ermittelt wurde, schreiben die Schüler einen Kurzbericht über den Vorgang, wie er in der heutigen Zeit in einer Zeitung zu lesen wäre. Dabei müssen sie die altertümlichen Formulierungen „übersetzen“.

A 38 Ein rätselhafter Gegenstand

Der authentische Text stammt aus der Süddeutschen Zeitung vom 7./8. 3. 1992.

Lösung:
Es handelt sich um eine sich selbst aufblasende Luftmatratze.

Korrekte Textfassung:

Überall können Sie gemütliches Schlafen genießen
1. Aufblasen: Drehen Sie das Messingventil auf. Die Luftmatratze wird sich mit Luft füllen. Um eine besonders feste Unterlage zu haben, muss man zusätzlich Luft hineinlassen. Wenn sich die Matratze mit genügend Luft gefüllt hat, schließen Sie das Ventil.
2. Luft ablassen: Wenn die Matratze befördert oder gelagert werden soll, drehen Sie das Ventil auf und rollen die Luftmatratze zusammen. Dabei drücken Sie langsam auf die Matte, bis keine Luft mehr darin ist. Soll sie möglichst kleinformatig zusammengelegt werden, muss man die Luftmatratze nochmals aufrollen. Falls noch Restluft in der Nähe des Ventils vorhanden ist, öffnen Sie das Ventil nochmals. Wenn die Restluft entwichen ist, schließen Sie das Ventil.

Achtung!
- Wenn die Luftmatratze schon lange Zeit zusammengerollt war, sollte man zwei oder drei Mal Luft hinein- und anschließend wieder entweichen lassen, dann wird die Unterlage eine gute Form behalten.
- Bei kaltem Wetter wird sich die Luftmatratze langsamer aufblasen. Wenn man sie aufrollt und sich auf sie legt, wird sie sich durch die Körperwärme schneller mit Luft füllen.
- Wenn die Luftmatratze beschädigt ist, kann man sie mit dem beigefügten Nylon, Kleiderstoff und Gummikleber reparieren.
- Feuchtigkeit schadet der Luftmatratze immer; man sollte also darauf achten, dass die Oberfläche und die Unterfläche trocken ist.

Anschlussaufgabe:
Der Text wird schriftlich in korrektes Deutsch übersetzt.

9./10. Klasse

A 39 Konzentration muss sein!

Bei diesem Konzentrationstest kommt es darauf an, dass die drei gestellten Aufgaben gleichzeitig durchgeführt werden. Damit sich alle Schüler konzentrieren können, sollte jeder einzelne seine Zeit still messen.
Anschließend wird die korrekte Lösung vorgetragen.
Bei der Auswertung sollten folgende Gesichtspunkte berücksichtigt werden:
Ziel ist eine möglichst hohe Trefferquote in der kürzest möglichen Zeit. Da es um korrekte Ergebnisse geht, ist eine Lösung mit hoher Trefferquote einer anderen vorzuziehen, die in kürzerer Zeit eine weniger hohe Trefferquote erzielt hat.
Die Schüler sollten folgende Fehlervarianten überprüfen:
a) Es wurde eine Aufgabenstellung besonders wenig beachtet.
b) Es wurde oft verbessert.
c) Die ersten Zeilen wurden besser bearbeitet als die letzten (nachlassende Konzentrationsfähigkeit).
d) Die letzten Zeilen wurden besser bearbeitet als die ersten (Konzentration baut sich allmählich auf).

Lösung:
kon zent rat iona lsow enn ichd ieses wor tsch on
höre **b**ek om **m**ei ch sofor tdi e**t** ota **l**emat tsch ei**b**e
imh irn ic hsit ze**d**a **n**n vor mein erm at hea rbeit
zu **mb** eis pi elmei nblic kv ers chwi m**m**t ang esi
chts de r **r**äts elha fte nz **ah** lenk ol **o**nn**e** ndi eich
au fnoc hrät sel ha **ft** **erew** eise **z** uei **n**ems i**nn** voll
en**e**r geb nis führ e ns **ol** lme i**ne** ge**h** irnw ind unge
nspa **n**n ensi chs ch **on** siew oll e nw irkli chm **ein**
eg esa mte **g**ei s tesk raft bün deln a**b** **e**re sgel ingt
ih n enwie **d**er ni cht un dübr igbl ei **bt** eink noten
wir **r**er ge**d**a nk **en** ohn ea nfan gun dohn e ende
so **wie** **e**in bei**n** **ahel** **eer** es bla ttmi th **ei** matl osen
z ah **le** nun ter d **e**nen da **n**n sich e rli ch **wi** ed**e**r**e**
in
mal die **he**r **r**i sc hefün fo **der** au chse chs mei **n**esl
ehre rs **zu** erk e**nn**e ns ein wi **rd**.

Konzentration, also wenn ich dieses Wort schon höre, bekomme ich sofort die totale Mattscheibe im Hirn. Ich sitze dann vor meiner Mathearbeit zum Beispiel, mein Blick verschwimmt angesichts der rätselhaften Zahlenkolonnen, die ich auf noch rätselhaftere Weise zu einem sinnvollen Ergebnis führen soll, meine Gehirnwindungen spannen sich schon, sie wollen wirklich meine gesamte Geisteskraft bündeln, aber es gelingt ihnen wieder nicht und übrig bleibt ein Knoten wirrer Gedanken ohne Anfang und ohne Ende sowie ein beinahe leeres Blatt mit heimatlosen Zahlen, unter denen dann sicherlich wieder einmal die herrische Fünf oder auch Sechs meines Lehrers zu erkennen sein wird.

A 40 Schnell gelesen

Vor der Durchführung des Lesetests, der den Schülern Auskunft über ihre Behaltensleistung geben kann, sollte dafür gesorgt werden, dass alle Schüler ihre Lesegeschwindigkeit ermitteln können, ohne andere dabei zu stören.
Wie der Text besagt, wird während dieser Teststunde das Kurzzeitgedächtnis in Anspruch genommen. Falls Sie jedoch eine weitere Vertretungsstunde in dieser Klasse haben, können sie überprüfen lassen, wie viele der Detailinformationen noch in der Folgestunde vorhanden sind, wenn keine Wiederholung erfolgt ist.

Lösungen:
1. falsch 2. falsch 3. richtig 4. richtig 5. falsch
6. richtig 7. falsch 8. richtig 9. falsch 10. richtig

Anschlussaufgabe:
Lernregeln aus dem Text ableiten und auf einem Lernplakat formulieren. Weitere Lernregeln von der Klasse ergänzen und besprechen lassen.

A 41 Verschlungene Wege

Eine einfache Möglichkeit, die Konzentrationsfähigkeit zu schulen, ist mit den Augen den Weg durch ein Labyrinth zu finden. Die Möglichkeit, die hier geboten wird, ist schwerer, weil man mit dem bloßen Auge nur vermuten kann, dass mindestens 2 Bänder verschlungen sind. Allerdings hat die Abbildung ihren dekorativen Reiz, und vor allem in dem Zeitalter der Tattoos lassen sich viele Schüler von diesem komplexen Muster ansprechen.

Lösung:
2 Bänder;
Ein Augenblick der Geduld kann vor großem Unheil bewahren;
ein Augenblick der Ungeduld ein ganzes Leben zerstören.

Anschlussaufgabe:
Wenn die Klasse Spaß an der farbigen Gestaltung findet, kann man ihr den Impuls geben, diese Abbildung als Vorlage für eine Grußkarte zu nutzen, oder auch, wie im zweiten Teil der Übung, eine Botschaft darin zu verstecken.

A 42 Am frühen Morgen

Ebenso wie bei den Arbeitsbögen A 5 (5./6. Klasse) und A 22 (7./8. Klasse) geht es hier darum, eine logische Struktur zu bilden. Allerdings steht hier keine Hierarchie im Mittelpunkt, sondern die Abhängigkeit von Handlungen und die Folge einer Entscheidungssituation.

Lösung:
1 c) Es ist Zeit zum Aufstehen.
2 b) Der Wecker klingelt wie immer pünktlich und natürlich stehst du sofort auf?
3 g) Du bist viel zu spät aufgewacht.
4 l) Das Badezimmer ist frei, das Frühstück steht auf dem Tisch, du hast die Schulsachen schon bestens gepackt?
5 d) Müde, hungrig und ungewaschen verlässt du eilig das Haus.
6 h) Der Bus steht noch da und du erreichst ihn?
7 a) Völlig erschöpft erreichst du nach einem langen Fußmarsch die Schule.
8 e) Wundersamerweise geht der Schulgong nicht, und der Lehrer der ersten Stunde ist sowieso erkrankt, so dass du deine gelangweilten Klassenkameraden vorfindest?
9 f) Du stürzt in die Klasse, die gerade einen Test schreibt.
10 k) Dir fällt eine brillante Entschuldigung ein?
11 i) Jetzt hast du ein ernstes Problem.
12 m) Du bist ein absoluter Glückspilz.

A 43 Was ist Erfolg?

Die Idee zu diesem Gruppenspiel wurde in folgendem Werk entdeckt: Endres u. a. „Werkstatt Lernen", Weilheim und Basel, 1994. Es geht darum, dass die Kommunikations- und Kooperationsfähigkeit der Gruppenmitglieder gefordert und gefördert wird, da sie stumm miteinander auf ein gemeinsames Ziel hinarbeiten müssen. Wenn man mehrere Gruppen (nicht mehr als 5 Mitglieder) gegeneinander „spielen" lässt und es auf schnelle und erfolgreiche Bewältigung der Aufgabe ankommt, erhält diese Übung zusätzlich Wettkampfcharakter.
Wenn die Zusammenstellung der Wörter zu schwierig ist, kann man folgende Hilfestellung geben:
1. Es handelt sich um eine Definition von Erfolg.
2. Der Satz beginnt mit: „Erfolg bezeugt sich nicht ..."

Lösung:
Erfolg bezeugt sich nicht so durch die Position, die jemand einnimmt, sondern durch die Widerstände, die er überwinden musste, um diese Position zu erreichen.

Anschlussaufgabe:
Die wetteifernden Gruppen können nun ihrerseits ein Zitat zerlegen (höchstens 30 Wörter) und die jeweiligen Kärtchen austauschen.

A 44 Gleich und doch nicht gleich

Dies ist eine Abwandlung des „Teekesselchen-Spiels", bei dem zwei Spieler sich auf ein Homonym-Paar einigen und es dem Publikum zum Raten geben.

Lösung:
1. Los / 2. rasen/Rasen / 3. Tau / 4. Tor /
5. Fest/fest / 6. Heide / 7. Note / 8. kosten /
9. naht/Naht / 10. Schloss / 11. Nagel / 12. Horn
13. ehe/Ehe / 14. Wurzel / 15. Block / 16. Zug
17. Auge / 18. Flur / 19. Blatt / 20. Nadel /
21. Zunge / 22. Mark / 23. Bank

Anschlussaufgabe:
Die Schüler spielen das o. g. Teekesselchen-Spiel vor der Klasse. Wenn sich z. B. zwei Schüler auf das Homonym-Paar „Rolle" geeinigt haben, sagt Schüler A: „Mein Teekesselchen/Suchbegriff ist rund." Schüler B: „Mein Teekesselchen/Suchbegriff gehört zu einem Schauspieler." Das Beschreiben setzt sich fort, bis der Begriff erraten wurde.

A 45 Der mikronationale Psychograf

Das Arbeitsblatt dient dazu, den Schülern die Grundbedeutung der vorgegebenen Wortstämme sowie Prä- und Suffixe deutlich zu machen sowie deren Verwendung in vielfältigen Wortverbindungen. Dabei kann die Arbeit mit einem Fremdwörter-Nachschlagewerk verbunden werden.

Lösungen:
Psychologe, psychologisch, psychisch;
Chronologie, chronologisch, Chronometer;
Mikroskop, mikroskopisch;
Demoskop, demoskopisch,
Demokrat, demokratisch;
biografisch, grafisch,
Biologie, biologisch; Biologe;
Geograf, geografisch,
Geologe, Geologie, geologisch, geothermisch;
Thermometer;
multinational, international, interkontinental;
Kommunion; physisch;
Monolog, monologisch, monoton;
Automat, automatisch;
Bibliothek;
Qualität, Quantität

Anschlussaufgabe:
Die Grundbedeutung der Bestandteile wird jeweils festgestellt. Die Schüler suchen weitere Wortbestandteile, die zu den vorgegebenen hinzugefügt werden und neue Verbindungen ergeben, z. B. mit der Verbindung „-ieren“. Dazu dürfen auch leichte Wortveränderungen in Kauf genommen werden (z. B. „qualifizieren“).

A 46 „Wie soll ich das bloß beschreiben?“

Bei dieser Übung kommt es nicht nur darauf an, die richtigen Formulierungen für die abgebildeten Formen und Muster zu finden, sondern auch den Bildaufbau zu berücksichtigen und somit die beste Reihenfolge der einzelnen Angaben zu finden.

Aufgabenvariante:
Sie kopieren die Abbildungen auf Folie. Ein Schüler/eine Schülerin beschreibt am Overhead-Projektor jeweils ein für ihn/sie erkennbares Muster, das die Klasse zeichnet. Anschließend wird der Projektor angeschaltet und die Mitschüler überprüfen, ob ihnen eine nachvollziehbare Beschreibung übermittelt wurde.

A 47 Heute schon kreativ gewesen?

Im üblichen Schulleben bleibt im Allgemeinen wenig Zeit und Gelegenheit für das freie Spiel der Fantasie oder der Kreativität. Bei diesen Aufgabenstellungen kommt es nun darauf an, innerhalb eines gesetzten Zeitrahmens möglichst viele Lösungsvarianten zu finden, „gegen den Strich“ zu denken bzw. zu formulieren. Deswegen sind bei den Aufgaben 2–4 auch „Lösungen“ erwünscht, die einen Unsinnscharakter haben. In weniger flexibleren Klassen sollte die Zeitvorgabe für die Aufgaben mindestens 3 Minuten betragen, in Klassen mit einfallsreichen Schülern kann sie verkürzt werden.

Lösungsmöglichkeiten:
1. z. B. Feier, Feuer, fester, für etc.
2. z. B. Das Radio wispert leise. Dumme Redner werden lügen etc.
3. z. B. Tomatensalat, grüne Nudeln, Wackelpudding, Erdbeeren etc.
4. z. B. Herzchen, Schnuckelchen, Liebling, Schatzi etc.
5. z. B. Ratte, Tee, Ritt, Art, Tier(e), Tat, Bett etc.

Anschlussaufgaben:
Sämtliche Fragestellungen können variiert werden, z. B.:
1. Wörter mit D und l etc.
2. Satz mit E d/D f/F s/S
3. Speisen, die weiß und essbar sind.
4. Bezeichnungen für Fortbewegungsmittel
5. Sprachwerkstatt

A 48 Papier-Scrabble

Die Schüler sollten darauf hingewiesen werden, dass es bei den häufig vorkommenden Buchstaben wie z. B. *e* , *r* oder *s* schnell zu Mangelerscheinungen kommen kann, so dass sie mit diesen Lauten sparsam umgehen sollten. Da es überdies erlaubt ist, aus einem bestehenden Wort ein weiteres zu bilden, sollte man seinem Spielgegner nicht unvorsichtigerweise eine schnelle Mehrzahlbildung ermöglichen, bei der sehr viele Punkte zu gewinnen sind.

A 49 Dein Lebensbaum

Das bildhafte Element des Lebensbaumes soll die Schüler dazu anregen, ihre Zukunftsvorstellungen zu konkretisieren. Wenn bei dieser Arbeitsphase entspannende Meditationsmusik gespielt wird, dient dies möglicherweise dazu, dass die Schüler beim Ausfüllen nachdenklicher vorgehen als bei einer üblichen Strukturbildungsübung.
Das folgende Gespräch mit dem Nachbarn übt einerseits den klaren und unmissverständlichen Ausdruck, bietet andererseits Anlass für einen Meinungsaustausch.

Anschlussübung:
1. Der Nachbar/die Nachbarin stellt der Klasse den soeben gehörten Lebensentwurf vor. Die Richtigkeit der Aussage muss von dem Verfasser/der Verfasserin bestätigt bzw. ergänzt werden.
2. Die Lebensbäume werden zeichnerisch ausgestaltet und mit Namen versehen an das schwarze Brett gehängt.

A 50 Verworrene Worte

Dieses Arbeitsblatt stellt den Schüler zunächst die Aufgabe, aus den durcheinandergewürfelten Wörtern sinnvolle Aussagen herzustellen. Diese Sätze sind jedoch auch Behauptungen, die durch Begründungen und Beispiele ergänzt werden können und denen man zustimmen oder widersprechen kann. Aus diesem Grund eignet sich die Übung auch als Grundlage für überzeugendes Argumentieren oder Diskutieren.

Lösungen:
a) Alles, was die Seele durcheinander rüttelt, ist Glück. *(Arthur Schnitzler)*
b) Was man nicht gerne tut, soll man zuerst tun. *(Sprichwort)*
c) Einem Menschen verzeihen, der nicht bereut, ist wie Zeichnen im Wasser. *(aus Japan)*
d) Manche Menschen bleiben arm, weil sie alles daran setzen, als reich zu gelten. *(Unbekannter Verfasser)*
e) Jeder, der aufhört zu lernen, ist alt, mag er zwanzig oder achtzig Jahre zählen. *(Henry Ford)*

Anschlussaufgabe:
Jeder Schüler sucht zunächst die Aussage aus, der er/sie am stärksten zustimmen kann. Die Schüler notieren auf einem Zettel, wie sie die zusammengesetzte Aussage verstehen, welche Begründung denkbar ist und welches Beispiel sich anführen lässt. Danach suchen sie sich eine Aussage aus, der sie überhaupt nicht zustimmen können, notieren wiederum ihre Deutung und widerlegen die Aussage stichwortartig. Nach dieser Überlegungsphase diskutiert die Klasse über die einzelnen Behauptungen.

A 51 Ein Klamotten-Konflikt

Die Schüler arbeiten in Zweiergruppen. Jeder Schüler erhält nur die Angaben zu seiner Rolle. Den Gesprächspaaren wird deutlich gemacht, dass sie mit Hilfe des Rollenspiels zu einer Kompromisslösung kommen sollen. Anschließend wird ein Rollenspiel der Klasse vorgeführt. Hat ein anderes Paar einen anderen bzw. möglicherweise besseren Lösungsvorschlag, wird dieses Rollenspiel ebenfalls vorgeführt. Die Klasse beobachtet und bewertet das Argumentationsverhalten der Partner.

Anschlussaufgabe:
1. Das Gespräch wird kontrastierend als Streitgespräch mit nicht zufriedenstellendem Ausgang angelegt und der Klasse vorgeführt. Dabei werden Beobachtungen zu Gesprächsinhalt, Mimik, Sprachebene etc. gemacht.
2. Diskussion darüber, wie man Konflikte mit den Eltern sinnvoll im Gespräch lösen kann (z. B. Zeitpunkt, Ort des Gespräches, gegenseitiges Aufeinander-Eingehen etc.).

A 52 Nicht immer muss der Klügere nachgeben

Eine eigene Meinung zu haben ist im Allgemeinen nicht schwer, aber bei dieser Übung kommt es nicht nur darauf an, diese zu vertreten, sondern auch in der Diskussion mit anderen zu modifizieren und sich einer Kompromisslösung unterwerfen zu können.
Geben Sie den Schüler 5 Minuten Zeit, damit sie ihre persönliche Bewertung der Aussagen durchführen können.
Es wäre bei dem zweiten Teil der Aufgabe ratsam, wenn die Gruppenmitglieder nicht unbedingt aus Banknachbarn bestehen würde, weil diese nicht selten ähnliche Meinungen vertreten. Um Zufallsgruppen zu bilden, lassen Sie die Schüler der Reihe nach von 1 bis 8 durchzählen. Bei 32 Schülern gibt es also jeweils 4 Schüler, die die gleiche Zahl genannt haben. Diese sind dann die Gruppenmitglieder. Die einzelnen Gruppen werden darauf hingewiesen, dass ihre Kompromisslösung später der Klasse vorgestellt wird und deswegen überzeugende Argumente für die Bewertung gefunden werden sollten.

A 53 Für Querdenker

Zugegeben, die aufgeführten Behauptungen sind etwas bizarr, und daher werden der Fantasie und auch der Ironie Ihrer Schüler gewisse Anforderungen gestellt. Das Querdenken wird u. U. jedoch zu einer anregenden und witzigen Stunde führen, bei der die besten Argumente an der Pinnwand verbleiben dürfen.

Anschlussaufgabe:
Nachdem überprüft wurde, ob ein logischer Zusammenhang zwischen den jeweiligen Thesen und Begründungen besteht, kann man die interessantesten Beispiele durch einen Beleg oder eine beispielhafte Veranschaulichung „weiterspinnen" lassen.

A 54 Literaturpuzzle

Dieses Arbeitsblatt setzt voraus, dass die Schüler die überwiegende Mehrheit der Fachbegriffe kennen.
Bei richtiger Zuordung der Bildausschnitte ergibt sich die bekannte Abbildung von Goethe in der Campagna.

Lösung:
Die einzelnen Fachbegriffe müssen in der folgenden Reihenfolge aufgeklebt werden:
Metapher, Sonett, Symbol, Jambus, Ballade
Lyrik, Tragödie, Akt, Komödie, Monolog
Drama, Novelle, Satire, Kurzgeschichte, Fabel
Epik, Szene, Sage, Strophe, Alliteration

Anschlussaufgabe:
Für jeden Fachbegriff ein Beispiel finden lassen, eventuell verbunden mit dem Nachschlagen in einer Literaturgeschichte oder in einer Textsammlung.

A 55 Die zwei Seiten eines Telefongesprächs

Die Klasse wird in zwei gleich große Gruppen geteilt, die getrennt voneinander sitzen. Gibt es etwa gleich viele Mädchen wie Jungen, erhalten die Jungen das Arbeitsblatt 1, die Mädchen das Arbeitsblatt 2. In Stillarbeit füllt jeder Schüler die Leerzeilen aus und ergänzt den Dialog. Es soll darauf geachtet werden, dass keine Gruppe den Inhalt des anderen Arbeitsblattes kennt. Nun wird eine Sprecherin für Anne und ein Sprecher für Kevin aus der jeweiligen Gruppe ausgewählt. Vor der Klasse tragen sie den Dialog vor und setzen dabei die szenischen Angaben zur Sprechweise so gut wie möglich um. In einem zweiten Durchgang, wenn also der Inhalt des Gesprächs bekannt ist, können die gleichen oder andere Schüler die szenische Darstellungsweise verbessern.
Anschließend wird überprüft, welche Varianten bei der Stillarbeit entstanden sind.

Anschlussaufgabe:
Einen Dialog schreiben, in dem das Mädchen die Initiative ergreift und einen Jungen anruft.

A 56 Frisch von der Seele weg

Diese Sprechübung eignet sich für die Vorbereitungsarbeit eines Referats. Die Schüler sollen Erfahrungen mit dem unvorbereiteten Formulieren sammeln, die Angst davor überwinden und ein Gefühl dafür entwickeln, wie lang eine Minute sein kann, wenn man einen Vortrag hält.

Anschlussaufgabe:
Wenn genügend Zeit vorhanden ist, kann nach jedem Beitrag besprochen werden, ob zu laut/zu leise, zu schnell/zu langsam geredet wurde, wie betont wurde oder welche anderen sprechtechnischen Merkmale aufgefallen sind.

A 57 Kopflose Definitionen

Lösungen:
1. Der Freund, 2. Gesundheit, 3. Gewissen, 4. Kreis, 5. Schlagfertigkeit, 6. Jugend, 7. Ideale, 8. Humor, 9. Vorurteil, 10. Vergeben, 11. Toleranz, 12. Strafe, 13. Reue, 14. Fantasie, 15. Mut, 16. Mode

WEITERE TITEL ZUR UNTERRICHTSVORBEREITUNG

Deutsch

Sekundarstufe I

Arbeitsblätter
Medienerziehung in den Klassen 5–7
29 Arbeitsblätter mit didaktisch-methodischen Kommentaren
ISBN 3-12-927418-9

Arbeitsblätter
Neue Rechtschreibung in den Klassen 5 und 6
52 Arbeitsblätter mit didaktisch-methodischen Kommentaren
ISBN 3-12-927925-3

Arbeitsblätter
Neue Rechtschreibung in den Klassen 7 und 8
66 Arbeitsblätter mit didaktisch-methodischen Kommentaren
ISBN 3-12-927924-3

Arbeitsblätter
Neue Rechtschreibung in den Klassen 9 und 10
58 Arbeitsblätter mit didaktisch-methodischen Kommentaren
ISBN 3-12-927425-1

Sekundarstufe II

Arbeitsblätter
Exil und Heimkehr – Rose Ausländer und Hilde Domin
36 Arbeitsblätter mit didaktisch-methodischen Kommentaren
ISBN 3-12-927419-7

Arbeitsblätter
Ingeborg Drewitz „Gestern war Heute"
27 Arbeitsblätter mit didaktisch-methodischen Kommentaren
ISBN 3-12-927428-6

Arbeitsblätter
Gerhard Hauptmann „Die Ratten"
39 Arbeitsblätter mit didaktisch-methodischen Kommentaren
ISBN 3-12-927435-9

Arbeitsblätter
Sprachwandel
23 Arbeitsblätter mit didaktisch-methodischen Kommentaren
ISBN 3-12-927422-7

Arbeitsblätter
Reflexion über Sprache
34 Arbeitsblätter mit Kommentaren zum Unterrichtseinsatz
ISBN 3-12-927426-x

Arbeitsblätter
Gewaltdarstellung in Literatur, Film und Fernsehen
38 Arbeitsblätter mit didaktisch-methodischen Kommentaren
ISBN 3-12-927415-4

Arbeitsblätter
Klassik
22 Arbeitsblätter mit didaktisch-methodischen Kommentaren
ISBN 3-12-927423-5

Arbeitsblätter
Romantik
30 Arbeitsblätter mit didaktisch-methodischen Kommentaren
ISBN 3-12-927433-2

Arbeitsblätter
Realismus
21 Arbeitsblätter mit didaktisch-methodischen Kommentaren
ISBN 3-12-927442-1

Arbeitsblätter
Literatur im Bild
45 Arbeitsblätter mit didaktisch-methodischen Kommentaren
ISBN 3-12-929430-9

Arbeitsblätter
Döblins „Berlin Alexanderplatz" und die Literatur der Weimarer Republik
31 Arbeitsblätter mit didaktisch-methodischen Kommentaren
ISBN 3-12-927429-4